ALIMENTATION ET MICRONUTRITION DU GOLFEUR

ISBN : 978-2-263-17317-2
Code éditeur : L17317
Dépôt légal : avril 2021

Retrouvez-nous sur www.solar.fr

Solar, un département d'Édi8

NADIA BADAOUI

ALIMENTATION ET MICRONUTRITION DU GOLFEUR

Guide pratique
pour nourrir sa performance

SOLAR
EDITIONS

Il est aussi noble de tendre à l'équilibre qu'à la perfection ; car c'est une perfection que de garder l'équilibre.

Jean GRENIER

Sommaire

Chapitre I

La stratégie nutritionnelle du golfeur

I. IMPORTANCE DE LA NUTRITION

1. Pourquoi est-il important de s'intéresser à la nutrition du golfeur ?

En échangeant avec des joueurs après les parties, j'ai rapidement constaté que, lorsqu'un golfeur n'est pas satisfait de son score, il met le plus souvent en cause sa technique, son niveau de concentration ou encore son état de forme général. Évidemment, ce sont des points essentiels à travailler quand on souhaite progresser. Naturellement, la conversation se poursuit au club house, en sirotant l'emblématique « bière de récupération » accompagnée de la planche charcuterie/fromage et c'est là que fusent les bonnes résolutions pour améliorer leur jeu. En général, cela concerne : l'achat de nouveaux clubs/balles, les services d'un professionnel réputé, commencer/modifier ou intensifier sa préparation physique, se mettre au yoga... Témoin de ces échanges, je me suis aperçue que ces mêmes joueurs, croisés au restaurant une heure avant le départ, affairés à manger leur entrecôte-frites-vin-moelleux au chocolat, n'avaient jamais envisagé de modifier le moins onéreux et le plus essentiel facteur de progression : la nutrition !

Je me suis alors intéressée à la manière dont se nourrissaient les compétiteurs et là encore, malgré des « erreurs alimentaires » moins flagrantes (quoique...), l'aspect nutritionnel était clairement délaissé.

De nombreuses études ont montré que l'apport d'éléments nutritionnels adaptés au type d'effort et en quantité adéquate, contribue à l'amélioration de la performance et aide à atteindre ses objectifs*[1-2]. Ceci est aussi bien valable à l'entraînement que dans un contexte de compétition et est particulièrement important pour les efforts prolongés (supérieurs à 45-60 minutes) : **la nutrition est un facteur clé de la performance, comme dans tous les autres sports.**

D'autres sportifs comme les marathoniens, les bodybuilders et les sportifs à catégorie de poids accordent autant d'importance à la nutrition qu'à leur entraînement, alors pourquoi pas le golfeur ? Malgré toutes les connaissances en nutrition sportive, le golf est un sport souvent oublié dans les ouvrages, davantage consacrés aux sports d'endurance pure. Pourtant, nous verrons ensemble qu'un plan alimentaire a toute sa place en parallèle de la préparation physique et psychique du golfeur.

C'est pour toutes ces raisons que l'écriture de ce livre m'a parue évidente. Mon but étant de vous donner des pistes pour bien vivre votre partie et améliorer vos performances, tout en respectant votre équilibre. Il n'est question ni de bouleverser vos habitudes alimentaires, ni d'imposer des normes, surtout si vous vous connaissez déjà bien. L'objectif est d'affiner les plans nutritionnels, pointer et corriger certaines erreurs pour vous apporter un réel bénéfice et vous accompagner dans votre progression.

* Tous les numéros d'appel de note renvoient à la bibliographie en fin d'ouvrage. [N.d.E.]

2. Comment la nutrition peut-elle avoir un impact sur la performance au golf ?

Parmi les facteurs de base de la performance, on relève[3] :

- la gestion de l'énergie ;
- la technique ;
- la coordination ;
- la force musculaire ;
- la neuropsychologie, qui regroupe notamment la gestion du stress, de la concentration et de la motivation.

Chacun de ces facteurs peut être abordé de différentes façons. Pour la gestion de l'énergie, des connaissances en physiologie du sport pourront être utiles. Concernant la technique et la coordination, le coaching, l'entraînement, vous aideront. La force musculaire sera améliorée par une préparation physique adaptée. Enfin, la phytothérapie, la méditation, le *mindfulness* (ou pleine conscience) et la micronutrition seront de précieux alliés dans la gestion de la neuropsychologie.

Il n'y a qu'un seul point commun à tous ces facteurs : ils ne peuvent fonctionner qu'avec un **apport continu d'énergie**. Cette énergie, nous pouvons la maîtriser car elle provient des produits de dégradation de notre alimentation. Elle dépendra donc directement de nos **choix nutritionnels**. Le but est alors d'évaluer les besoins nutritionnels du golfeur et d'apporter le meilleur carburant, au meilleur moment.

Avant de pouvoir définir les besoins nutritionnels du golfeur, il convient d'évaluer quelles seront les dépenses énergétiques liées à la pratique du golf. Ces dépenses peuvent être influencées par différents facteurs mais intéressons-nous dans un premier temps aux données moyennes, applicables au plus grand nombre.

II. LES DÉPENSES ÉNERGÉTIQUES AU GOLF

Au premier abord, on pourrait penser que le golf est un sport exigeant mais peu physique. En pratique, la dépense énergétique pendant une partie est loin d'être négligeable, voyons cela ensemble.

1. En quelques chiffres

Selon une étude menée par Golf Canada, une partie de 18 trous représente en moyenne[4] :

- **une durée de 227 minutes** soit un peu plus de trois heures et demie, à laquelle il faut ajouter le temps d'échauffement avant la partie ;
- **une distance parcourue** comprise entre 6 et 9 km ;
- **une dépense énergétique aux alentours de 2 000 à 2 500 kcal** – la Fédération française de golf avance des chiffres moindres, avec une consommation d'environ 400 kcal/h pour une dépense énergétique proche de 1 600 calories ; elle peut varier en fonction du poids du sac, de la vitesse de marche, de la température extérieure, des reliefs du parcours, etc. ;
- **une perte hydrique d'environ 1,5 l,** ceci pouvant être très variable en fonction de la température extérieure ;
- **une perte de 1,2 kg** de la masse corporelle du joueur.

S'agissant d'une activité d'intensité modérée, et toujours selon cette étude, au cours de la partie, les joueurs seraient entre 50 et 74 % de leur fréquence cardiaque maximale durant 82 minutes sur les 227. Il existe un écart considérable entre la fréquence cardiaque moyenne et maximale, ce qui témoigne de demandes physiques ponctuelles importantes.

Toutes ces valeurs nous confortent dans l'idée de la **nécessité d'une alimentation qualitativement et quantitativement adaptée au golfeur** pour le soutenir tout au long de sa partie.

2. Les différents types d'effort

Chaque sport se décompose en plusieurs types d'effort. Au cours d'une partie de golf, on en distingue quatre.

a) LA MARCHE

Le joueur parcourt 6 à 9 km durant une partie, cette distance pouvant doubler en compétition s'il fait deux parties dans la même journée. C'est une activité d'endurance d'intensité moyenne (environ 57 % de la VO_2 max). La consommation d'oxygène augmente avec l'intensité de l'exercice. Le rythme est soutenu pour ne pas ralentir le jeu. La principale source d'énergie provient des lipides et des glucides. La proportion relative de lipides ou de glucides utilisés dans ces processus d'oxydation sera fonction de l'intensité de l'exercice et des choix nutritionnels.

Améliorer sa VO_2 max aura un impact favorable sur la performance mais de manière indirecte. En effet la VO_2 max témoigne de la capacité cardio-respiratoire et de l'endurance aérobie. Elle peut donc contribuer à **éviter une fatigue importante**, en plus de la nutrition, sur les derniers trous du parcours. Cette fatigue peut nuire à la qualité du jeu au travers d'une exécution imprécise du swing, d'un manque de concentration, d'erreurs de jugement... Il est donc important de préserver une bonne condition physique pour vivre au mieux sa partie.

b) LE SWING

Le swing de golf est un mouvement de lancer complexe, exigeant, très rapide et qui met en jeu de nombreux muscles. En 2005, Andrew McHardy publiait une méta-analyse qui a permis de refaire le point sur tous les muscles sollicités lors des différentes phases du swing ainsi que sur leur pourcentage de contraction maximale[5].

Bien qu'il ne soit pas d'emblée aisé de comprendre l'application pratique de ces informations, elles s'avèrent très utiles dans le cadre de la préparation physique. Elles permettront de cibler les muscles sollicités afin de les renforcer spécifiquement pour **optimiser la biomécanique du swing** et ainsi **améliorer la performance**. Si, en parallèle, vous êtes soucieux de votre nutrition, les résultats seront considérablement augmentés.

Ces données seront également intéressantes dans la **prévention des blessures**. Par exemple, les quadriceps sont des muscles stabilisateurs au niveau inférieur lors du swing. On sait aujourd'hui que la force développée au niveau de ces muscles est un facteur protecteur contre les lombalgies invalidantes chez les joueurs professionnels de sexe masculin. On comprend alors le grand intérêt de ces analyses. Comme dans tous les sports, le golfeur doit être en bonne santé pour pouvoir performer. La préparation physique doit, autant que possible, être individualisée à chaque golfeur en fonction de son morphotype, de ses capacités naturelles, et encadrée par un professionnel.

Allons maintenant au-delà des considérations mécaniques car le swing de golf ne se résume pas à une simple sollicitation musculaire. Il fait appel à d'autres facultés qui, toutes combinées, contribueront à un mouvement fluide, précis et puissant. La souplesse, la coordination neuromusculaire, la puissance musculaire, la vitesse, la précision et la concentration seront essentielles à la réalisation du swing.

L'effort est anaérobie alactique et utilisera comme principales sources énergétiques l'ATP (adénosine triphosphate) et la phosphocréatine qui se dégrade très rapidement en ATP. On note déjà l'importance de l'apport protéique pour couvrir les besoins en créatine, préserver la masse musculaire et augmenter la force.

c) LA VIGILANCE, LA CONCENTRATION

Le golfeur doit utiliser des facultés cognitives qui seront aussi importantes que ses capacités techniques et musculaires.

La concentration doit être extrême à chaque coup. Le nombre de coups peut être important, en fonction du handicap, et ceux réalisés à l'entraînement sont également à prendre en compte. Le golfeur doit être attentif et avoir de bonnes capacités de réaction, une bonne appréciation de la latéralité et de la spatialité.

Au niveau cérébral, une concentration intense exige des apports énergétiques importants. Le cerveau utilise **le glucose comme principal carburant**. Comme il ne peut pas le stocker, il n'a aucun contrôle sur l'hypoglycémie. Le cerveau est donc très sensible à l'hypoglycémie et les conséquences se feront sentir très rapidement : baisse de la vigilance, de la concentration, de la coordination et de l'éveil. Il aura aussi plus tendance aux erreurs de jugement, aux fautes stratégiques. Les mauvais choix seront donc plus fréquents. La réflexion et la stratégie faisant partie intégrante du golf, le joueur doit donc être en pleine possession de ses fonctions mentales pour pouvoir performer.

On comprend d'ores et déjà que l'apport énergétique doit être le plus régulier possible pour que la glycémie soit le plus stable possible durant la partie.

Le cerveau, un organe gourmand !

Un cerveau adulte humain pèse en moyenne 1,4 kg, soit seulement 2 % du poids corporel total. Il engage à lui seul 20 % de notre métabolisme de base au repos.
Le seul glucide qui passe du sang vers le cerveau est le **glucose** et les réserves en glucose du cerveau ne dépassent pas 10 minutes ! Il doit donc être approvisionné en continu.
Il consomme 60 % du glucose quand l'organisme est au repos.
La glycémie est donc déterminante pour la performance sportive. Elle doit être stable pendant la partie d'où la nécessité d'un apport qualitatif et quantitatif avant, pendant et après l'effort.

d) LA GESTION DU STRESS

Un joueur stressé augmente sa sécrétion d'adrénaline. Cette sécrétion entraîne une hyperglycémie qui déclenche une forte sécrétion d'insuline et accroît le risque d'hypoglycémie réactionnelle. La **ration d'attente*** sera très utile dans ce cas car elle fournira les sucres excessivement consommés par le joueur en état de stress. Des solutions naturelles et efficaces existent en micronutrition et en phytothérapie pour aider à lutter contre le stress. Un chapitre sera consacré à ce sujet dans la deuxième partie.

Au vu des valeurs évoquées plus haut et des différentes données biomécaniques, il ne fait nul doute que le golf est un sport qui nécessite des ressources énergétiques solides. Un swing de golf met en action de nombreux muscles du

* Voir dans cette partie, « La stratégie nutritionnelle en pratique », p. 27.

corps et nécessite une dose significative d'énergie. La marche, la sollicitation intensive des fonctions cognitives et les facteurs émotionnels puisent également dans les ressources du joueur.

III. PERTES ET BESOINS DU GOLFEUR

1. Impacts physiologiques d'une partie de golf

Intéressons-nous maintenant aux répercussions physiologiques d'une partie de 18 trous. C'est en comprenant quelles ressources sont utilisées que l'on pourra définir des objectifs de compensation et d'optimisation. De là découlera la stratégie à mettre en place.

Le principal effet constaté est la **diminution des réserves en glycogène**. Il aura été utilisé pour toutes les fonctions détaillées précédemment, à l'échauffement et tout au long de la partie. Rappelons que le glycogène est la forme de stockage des glucides, carburant essentiel au métabolisme musculaire et au bon fonctionnement cérébral.

La diminution des réserves de glycogène et de la glycémie au cours de la partie a des conséquences multiples sur le jeu car cette dernière est le principal facteur influençant les performances, qu'elles soient motrices ou cognitives. Parmi ces effets, on distingue :

- **une baisse de la concentration**, de la vigilance et de la précision des gestes – ceci est délétère dans tous les compartiments de jeu, en particulier le putting ;
- **une diminution de la force physique** qui impactera le long jeu.

Les efforts en endurance et en résistance entraînent également des **dommages aux protéines musculaires**. Les muscles striés squelettiques (à contraction volontaire, contrairement aux muscles lisses à contraction involontaire) renferment environ 50 % de toutes les protéines corporelles. Les fibres musculaires composant les muscles striés subissent une dégradation à l'effort qui entraîne une perte protéique qu'il faudra chercher à compenser.

Il y a également une **mobilisation lipidique** entraînant une discrète consommation des réserves durant la partie qu'on ne cherchera pas particulièrement à compenser. L'apport de lipides de qualité devra être une habitude du quotidien s'inscrivant dans une optique de prévention santé du golfeur.

La sudation sera, quant à elle, responsable de **pertes hydro-électriques** qu'il faudra impérativement corriger. Ceci sera détaillé dans la partie consacrée à l'hydratation.

L'effort physique s'accompagne enfin d'une **diminution du pH de l'organisme**. L'acidose peut avoir un impact négatif sur la contraction musculaire et favorise le risque de blessures tendineuses et ligamentaires. L'équilibre acido-basique sera abordé dans le deuxième chapitre.

2. Les objectifs d'une bonne nutrition chez le golfeur

De ces constats naissent des objectifs ciblés, à savoir : compenser la dépense énergétique totale, c'est-à-dire apporter du carburant au fur et à mesure que diminue celui qu'on avait accumulé avant la partie. Le but recherché étant de rester à l'équilibre. Cela permettra :

- **d'éviter le coup de fatigue** dans le dernier tiers de la partie ;
- **de maintenir un tonus** et une coordination musculaires efficaces durant tout le parcours ;

- **de maintenir son niveau de vigilance**, de précision, dans tous les compartiments de jeu, du début jusqu'à la fin de la partie ;
- **de mieux accepter les mauvais coups**, mieux gérer la pression mentale sur la fin du parcours.

Essayons maintenant d'atteindre au mieux ces objectifs !

IV. LA STRATÉGIE NUTRITIONNELLE EN PRATIQUE

Le golf est sans doute un des sports les plus complexes à étudier. La technique, la préparation mentale et les différentes tactiques sont en général au cœur des préoccupations des joueurs professionnels et sont difficiles à appréhender. Pendant longtemps, la nutrition n'a pas fait partie de l'équation. C'est pourquoi, même chez le golfeur de haut niveau, on retrouve de flagrantes erreurs nutritionnelles sur le parcours : sandwich trop gras, barres chocolatées et soda accompagnent encore nos joueurs sur le tour. Voici celles le plus souvent constatées :

- ne pas manger pendant le parcours ;
- consommer des collations inadéquates ;
- ne pas boire suffisamment, ni au bon rythme ;
- faire un repas précompétitif inadapté (pouvoir s'alimenter pendant le parcours peut rendre négligent sur la nutrition avant la partie) ;
- négliger les repas de récupération pendant un tournoi se déroulant sur plusieurs jours.

De plus, les snacks de mauvaise qualité nutritionnelle seront avalés rapidement, au mauvais moment de la partie. Le système digestif va puiser beaucoup d'énergie pour les digérer, ce qui privera les muscles d'énergie. L'excès de sucres simples va entraîner un pic de glycémie augmentant le risque d'hypoglycémie réactionnelle qui entraînera une baisse d'énergie et une mauvaise fin de parcours.

On connaît assez bien la dépense énergétique globale d'une partie mais les études portant sur l'évolution de la glycémie et de l'hydratation au cours d'une partie de 18 trous restent peu nombreuses.

Or les performances du golfeur, qu'elles soient physiques ou cognitives, sont directement liées :

- **au niveau de sucre dans le sang,** car c'est la principale source d'énergie utilisée par les muscles et le cerveau ;
- **au niveau d'hydratation.**

Sans stratégie nutritionnelle adaptée, il est normal de ressentir un « coup de fatigue » au 14e ou au 15e trou, voire bien avant. Pour éviter ce fameux coup de fatigue dans la deuxième moitié du parcours et retarder la fatigue musculaire, il vous faut respecter quelques règles simples en matière d'alimentation et d'hydratation.

L'aspect préventif est fondamental car, une fois ce coup de fatigue déclaré, entre le moment où vous absorberez un aliment énergétique et le moment où vous vous sentirez à nouveau en pleine possession de vos moyens, il faudra compter **environ trois trous**. Pendant cette période, les deux principales répercussions sur votre jeu seront très pénalisantes :

- **Vous trouverez le temps long.** Vous vous sentirez ralentis, moins assurés dans votre posture, votre gestuelle, votre technique. Vous serez également moins concentrés, s'ensuivront peut-être de mauvais choix stratégiques...
- **Vous scorerez peut-être moins bien,** ce qui aura un impact sur votre confiance en vous et sur votre résultat final.

Vous en êtes maintenant convaincus : tous les moyens doivent être mis en œuvre pour éviter ce « coup de pompe ».

Bien gérer son alimentation, avoir un plan nutritionnel est aussi important avant, pendant, qu'après l'effort. Le besoin d'une stratégie nutritionnelle concerne tous les golfeurs. Elle est presque même plus importante pour l'amateur qui n'aura pas la même hygiène de vie au quotidien que le joueur de haut niveau.

1. L'hydratation : recommandations

a) L'EAU, UN FACTEUR INDISPENSABLE DE PERFORMANCE

Être bien hydraté est avant tout une considération santé. Notre organisme est majoritairement constitué d'eau : environ 70 % ; notre cerveau en contient quant à lui 85 %. Il faut au minimum deux litres d'eau par jour à notre corps pour fonctionner, toutes les grandes fonctions et réactions biochimiques seraient impossibles sans elle.

L'hydratation fait partie intégrante de la stratégie nutritionnelle, elle doit donc être réfléchie et efficace. Un vrai plan hydrique doit être mis en place pour la gérer au mieux avant, pendant et après la partie. L'eau chez le sportif est, au-delà d'un besoin vital, un indispensable facteur de performance.

Rôles

Régulation de la température corporelle

À l'effort, le muscle produit de l'énergie mécanique (20-25 %) qui lui permettra de se contracter. 75 à 80 % de l'énergie sera perdue sous forme de chaleur. Afin d'éviter une augmentation de la température corporelle, un processus de thermorégulation s'active au travers de la sueur. Elle contribue à maintenir le corps à une température proche de la normale.

Les principales pertes liquidiennes (eau et électrolytes) se font donc au travers de la sueur. Comme c'est un processus que l'on ne peut interrompre, il faudra les compenser au fur et à mesure. La quantité et la composition de la sueur peuvent être influencées par :

- **le niveau d'entraînement du sportif :** elle sera plus abondante et moins riche en électrolytes chez le sportif mieux entraîné ;
- **la température** extérieure ;
- **l'hygrométrie :** il est plus difficile de transpirer, et donc de réguler sa température corporelle, en milieu humide car la sueur s'évapore moins.

D'autres facteurs entrent en jeu : le niveau d'acclimatation à la chaleur, le poids corporel, la génétique, l'efficacité métabolique, etc.

Les pertes peuvent varier de 0,5 à 2,5 litres par heure (jusqu'à 4 litres par heure dans des conditions extrêmes qui ne concerneront pas le golfeur)[6].

Transport des nutriments

Pour pouvoir se recharger en glycogène, le foie et les muscles ont besoin d'eau. Un organisme suffisamment hydraté permettra de meilleures mises en réserve pour les efforts ultérieurs.

On sait que pour stocker 1 g de glycogène, 2,7 g d'eau sont nécessaires. Si l'on considère un individu qui aurait 370 g de glycogène musculaire en réserve, à l'issue d'une épreuve où il aurait consommé l'intégralité de ses réserves, il lui faudrait un litre d'eau juste pour reconstituer son stock de glycogène. Il est donc inutile de consommer des glucides sans l'apport d'eau adéquat !

Bon fonctionnement et protection des tissus

Une bonne hydratation est nécessaire au fonctionnement cellulaire. On sait que les hormones anabolisantes sont d'autant plus actives dans un contexte d'hydratation cellulaire optimal. À l'inverse, une cellule déshydratée enverra des signaux cellulaires favorisant le déclenchement des phénomènes cataboliques[7-8]. En clair, l'hydratation procure un milieu propice au développement, à la construction alors que la déshydratation favorise la dégradation, la destruction.

Une bonne hydratation limitera également l'apparition de troubles digestifs, de crampes, de courbatures, de blessures, de douleurs articulaires, etc.

Bon fonctionnement cognitif

Notre cerveau a besoin d'être hydraté pour être efficace dans ses fonctions de concentration, de vigilance, de mémorisation, de perception spatiale, de rapidité de réaction et pour prendre les bonnes décisions stratégiques. Être en pleine possession de ses capacités mentales vous sera indispensable si vous souhaitez performer et la solution est simple : hydratez-vous !

Facteur de récupération

Elle est un élément clé de la récupération en permettant :

- **l'élimination des déchets** produits durant l'effort ;
- **la compensation des pertes minérales** de la sueur (sodium, potassium, etc.) ; le choix du type de boissons à consommer sera détaillé plus loin.

Déshydratation et baisse de performance

Au même titre que l'hydratation crée un environnement favorable à l'effort, la déshydratation entraîne une contre-performance certaine. Afin de vous faire prendre conscience que s'hydrater est tout sauf anecdotique chez le golfeur, voyons l'impact de la déshydratation sur l'organisme et sur les capacités du joueur.

Au cours d'une partie de 4 heures sous climat tempéré, un joueur peut perdre 1 à 3 % de son poids corporel (PC) en eau. Perte d'eau à l'effort et diminution de la performance sont intimement liées.

- **Une perte minime de 1 % du PC** peut déjà avoir des répercussions sur le bien-être et donc sur le jeu du golfeur.
- **Une diminution de 2 % du PC** soit 1,4 kg chez un sujet de 70 kg entraîne une perte d'efficacité de 20 %.
- **Au-delà de 3 %,** la déshydratation peut avoir des conséquences sérieuses sur l'état de santé du joueur (risque de coup de chaleur engageant le pronostic vital en cas de déshydratation très sévère supérieur à 4 %).

Quelques conséquences physiques de la déshydratation

- **Augmentation de la fatigue musculaire**.
- **Augmentation du risque de blessures :** tendinites, arthrites, microlésions musculaires (courbatures), crampes, élongations voire claquages.
- **Diminution de la force développée** en cas de déshydratation importante : une perte de 3 % du PC diminuerait d'environ 15 % la force maximale, ce qui vous fera perdre en distance.
- **Diminution de l'endurance**.
- **Altération de la coordination neuromusculaire**, qui peut entraîner des fautes techniques dans le swing.

- **Diminution des capacités de thermorégulation** évoquées précédemment, moins bonne adaptation à la chaleur.
- **Maux de tête,** sensation de bouche sèche.
- **Palpitations**.
- **Diminution du volume des urines :** la couleur foncée liée à la concentration est un bon signal d'alerte (sauf en cas de prise de compléments alimentaires car certains modifient la couleur des urines).

Au niveau cognitif

- **Diminution de la vigilance :** 1 % de perte en eau de son PC équivaut à 10 % de vigilance en moins et 2 % de son PC à 20 % de perte de vigilance – les répercussions peuvent être désastreuses, au putting notamment.
- **Diminution de la vitesse de réaction.**
- **Augmentation du nombre d'erreurs,** stratégie moins fine, mauvais choix.
- **Diminution de la mémoire** à court terme.
- **Irritabilité...**

En résumé, une déshydratation, même légère, altère la fonction neurophysiologique et a donc un impact sur la performance. L'étude de Smith a été la première à conclure qu'une légère déshydratation peut nuire au **tir à distance, à la précision, et au jugement de la distance lors de l'exécution d'un swing de golf**[9].

Au maximum, le golfeur ne devra pas perdre plus de 1 % de son PC au terme de la partie pour pouvoir réaliser une performance. L'objectif demeurant de compenser complètement les pertes hydriques. Attention cependant à ne pas tomber dans l'excès pour ne pas risquer l'hyperhydratation.

Nous en avons maintenant la certitude, une bonne hydratation favorise les performances et la récupération. Que faut-il donc boire ?

La sensation de soif

Certains pensent que la sensation de soif est un indicateur fiable et précoce pour déceler une déshydratation car elle se déclencherait quelques minutes seulement après le dépassement de certaines limites physiologiques.
D'autres affirment que lorsque la sensation de soif se fait sentir, la déshydratation est déjà installée. Cette sensation se corrigerait beaucoup plus vite que la déshydratation réelle. En effet les récepteurs de soif situés dans la gorge enverraient précocement un signal de « satiété hydrique ». Le sportif arrête alors de s'hydrater pensant qu'il a suffisamment bu.
Aussi, le signal de soif n'est pas fiable chez tout le monde, notamment les personnes âgées et les personnes prenant des traitements médicamenteux tels que certains antidépresseurs, antipsychotiques et antihypertenseurs.
Le point le plus important est que la majorité des gens n'écoutent pas les signaux envoyés par leur organisme et ne ressentent que tardivement la soif.
Afin de palier tout manquement de ce système pourtant bien conçu, il est préférable de **devancer la soif** et s'entraîner à boire tout au long de l'effort, à intervalles réguliers.

b) LE CHOIX DE LA BOISSON

Le choix de l'eau pure

Eau de source, eau minérale ou eau du robinet ?

Selon le CNRS*, **les eaux de source** sont naturellement propres à la consommation humaine. Seuls quelques traitements visant à éliminer les gaz, le fer et le manganèse sont autorisés. Elles peuvent également être regazéifiées avant

* Centre national de la recherche scientifique.

d'être embouteillées. Leur teneur en minéraux et nitrates peut varier au cours du temps.

Les eaux minérales, quant à elles ont des teneurs en minéraux et en oligo-éléments susceptibles de leur conférer des vertus thérapeutiques. Comme les eaux de source, elles ne peuvent être traitées chimiquement. En France, une eau ne peut être qualifiée de « minérale » que si elle a été reconnue comme étant bénéfique pour la santé par l'Académie nationale de médecine. Cependant, elles ne sont pas toutes de qualité identique, il est donc intéressant de varier les eaux. Leur composition est stable dans le temps[10].

L'eau du robinet provient de ressources souterraines et d'eaux de surface. Elle est traitée chimiquement pour la rendre potable. Si le goût de l'eau du robinet convient au joueur, il peut tout à fait s'en contenter, à l'entraînement comme en compétition.

Si vous utilisez une carafe filtrante, ne consommez pas exclusivement cette eau. Même si elle a l'avantage de filtrer certaines bactéries, substances chimiques et métaux lourds, elle retient également des oligo-éléments intéressants comme le magnésium et le calcium. À moins de rajouter des sels minéraux à l'eau filtrée, elle ne peut pas être votre unique source d'eau.

Choisir son eau en fonction de ses besoins

- **Pour un effort d'intensité modérée** comme le golf ainsi que pour préparer une boisson de l'effort, il est préférable de choisir une eau faiblement minéralisée comme la Volvic®, Thonon®, Evian®... Pensez à toujours ajouter une pincée de sel dans votre bouteille.
- **En phase de récupération,** les eaux riches en bicarbonates seront préférées. Leur alcalinité sera intéressante pour rétablir l'équilibre acido-basique et évacuer les déchets favorisant ainsi une bonne récupération : St-Yorre® (4 368 mg/l),

Vichy Célestins® (2 989 mg/l), etc. Leur forte teneur en fluor impose de surveiller leur consommation chez l'enfant de moins de 7 ans.

Attention à ne pas abuser des eaux riches en bicarbonates, en particulier avant et pendant les repas car cela pourrait perturber votre digestion. En effet, l'estomac est un milieu nécessairement acide à la fois pour « dissoudre » les aliments (étape normale de la digestion) et pour nous protéger en cas d'ingestion de bactéries ou de parasites. L'excès d'eau alcalinisante au cours du repas peut également provoquer des ballonnements.

- **En période de fatigue**, il pourra être intéressant d'augmenter sa consommation en :
  - **eaux calciques** (quantité de calciums supérieure à 150 mg/l) : Courmayeur® (576 mg/l), Contrex® (468 mg/l), etc. ;
  - **eaux magnésiennes** (quantité de magnésiums supérieure à 50 mg/l) : Rozana® (160 mg/l), Hépar® (119 mg/l), etc.

À noter :

- Les minéraux des eaux sont sous forme inorganique ; de fait, leur biodisponibilité (part assimilée par l'organisme) est faible : 15 à 30 %.
- Les eaux riches en minéraux sont également riches en sulfates : Hépar® (1 530 mg/l), Courmayeur® (1 412 mg/l), Contrex® (1 121 mg/l) ; les sulfates exercent un effet laxatif léger à dose élevée.
- Les eaux très minéralisées consommées en excès peuvent entraîner des désagréments intestinaux comme une accélération du transit (Hépar®) ; cet effet est parfois recherché par les consommateurs en cas de constipation.

Pour une consommation quotidienne, évitez de dépasser par litre : **400 mg de chlorures, 5 mg de nitrates et 2,5 mg de fluor**. Pour cela, pensez à varier les eaux.

Précautions

Les eaux fortement minéralisées en sodium sont à éviter chez les patients atteints de cirrhose, d'hypertension artérielle, d'insuffisance cardiaque ou d'insuffisance rénale.

Classification des eaux minérales selon la teneur d'un minéral ou d'un oligo-élément particulier

Allégation	Critère
Très faiblement minéralisée	0-50 mg/l de sels minéraux
Faiblement minéralisée	50-500 mg/l de sels minéraux
Moyennement minéralisée	500-1 500 mg/l de sels minéraux
Riche en sels minéraux	Plus de 1 500 mg/l de sels minéraux
Bicarbonatée	Plus de 600 mg/l de bicarbonates
Sulfatée	Plus de 200 mg/l de sulfates
Chlorurée	Plus de 200 mg/l de chlorures
Calcique	Plus de 150 mg/l de calcium
Magnésienne	Plus de 50 mg/l de magnésium
Fluorée	Plus de 1 mg/l de fluor
Ferrugineuse	Plus de 1 mg/l de fer bivalent
Acidulée	Plus de 250 mg/l de gaz carbonique libre
Sodique	Plus de 200 mg/l de sodium
Convient pour un régime pauvre en sodium	Teneur en sodium inférieure à 20 mg/l

Les boissons de l'effort

La boisson énergétique, aussi appelée « boisson de l'effort » (BE), est constituée de glucides, de vitamines et de minéraux.

Au cours de l'effort, notre organisme consomme du glycogène pour fonctionner : de fait les réserves diminuent. Après environ quatre heures d'une activité à 55 % de la VO_2 max, ce qui correspond à une partie de golf, les réserves en glycogène musculaire sont épuisées. On comprend alors l'intérêt d'un apport exogène de glucides durant la partie pour épargner les réserves, maintenir une glycémie stable, diminuer la fatigue et pouvoir continuer à performer.

Les électrolytes, dont le sodium, sont également indispensables à la contraction musculaire. Les minéraux permettront, quant à eux, de compenser les pertes sudorales et les vitamines participeront à la protection cellulaire (vitamines antioxydantes). Cet aspect sera abordé plus en détail dans la deuxième partie.

Enfin, la BE apporte avant tout... de l'eau ! Et l'eau entre plus rapidement dans la cellule en présence de glucose. La BE sera à prendre en compte dans la stratégie d'hydratation.

La BE **n'est pas indispensable au golfeur** qui aura une stratégie nutritionnelle efficace mais elle peut s'avérer très utile dans certaines circonstances. De nombreux golfeurs en consomment à l'entraînement et en compétition, c'est pour cela que le sujet ne pouvait être éludé.

Il faut toutefois être prudent quant à la qualité de la boisson et la manière de l'utiliser. L'objectif de cette partie étant de pouvoir reconnaître (et même fabriquer !) une BE de qualité, de la consommer au moment et en quantité adéquats pour qu'elle apporte un réel bénéfice sur le niveau d'énergie, et devienne un soutien supplémentaire dans le sac du golfeur.

La composition

Il n'y a pas de BE « standard ». Elle doit être adaptée à la durée de l'effort, son intensité et aux conditions ambiantes (température, humidité). Concernant le golf, voici les caractéristiques d'une bonne boisson de l'effort.

La concentration

Il sera préférable de s'orienter vers une boisson isotonique ou légèrement hypotonique. Isotonique signifie que son osmolarité (concentration du milieu) est identique à celle du plasma sanguin. L'isotonie permet une bonne absorption des composants de la BE (glucides, vitamines, minéraux), notamment au niveau intestinal et une hydratation optimale. À titre informatif, l'osmolarité doit être comprise entre 270 et 330 mOsml/l.

Une boisson hypertonique, trop concentrée en sucres par exemple, entraînera un mouvement d'eau du secteur sanguin vers l'intestin. Ceci accélérera la déshydratation (contre-productif pour une BE !), retardera la vitesse de digestion et augmentera le risque de survenue de troubles gastro-intestinaux comme les diarrhées, ballonnements et brûlures d'estomac.

Les glucides

La BE devra en contenir entre 30 et 75 g/l. Privilégier une concentration faible (30 g/l) en cas de température extérieure élevée ou d'apports glucidiques solides concomitants. Il est intéressant d'**associer différents sucres** : glucose (ou dextrose), fructose et maltodextrines pour plusieurs raisons :

- Les sucres utilisent des transporteurs différents et des voies facilitées : il n'y a donc pas de phénomène de saturation, l'absorption est favorisée. La mise à disposition d'énergie pour le golfeur est donc plus rapide et quantitativement plus importante[11].
- Les sucres ont un effet plus ou moins durable dans le temps. Par exemple, le glucose sera utilisé très rapidement par l'organisme alors que les maltodextrines auront un effet prolongé. Une partie de golf durant environ de trois heures et demie à quatre heures, on comprend alors l'intérêt de leur association.
- La proportion des différents sucres sera finement réfléchie pour s'adapter à la durée et au type d'effort.

Caractéristiques principales des trois sucres les plus fréquemment rencontrés dans les BE

	Dextrose (= glucose)	**Fructose**	**Maltodextrines**
Type de glucide	Simple, monosaccharide	Simple, monosaccharide	Complexe, oligosaccharide
Pouvoir sucrant (la référence étant le saccharose = 1)	0,75	1,2 – 1,4	Proche de 0
IG (la référence étant le glucose = 100)	100	20 • Très bas : pas de perturbation brutale de la glycémie • Diffusion plus régulière et prolongée dans l'organisme	95
Avantages	Utilisation très rapide	• Intéressant en ration d'attente • Permet par exemple de compenser la consommation de sucres liée au stress (adrénaline) en cas d'attente inactive avant le début de la compétition	• Légèrement hypo-osmolaire : très bonne assimilation • Bonne tolérance, bonne digestibilité • Goût neutre
Inconvénients	• Risque d'hypoglycémie réactionnelle si utilisé en quantité trop importante et/ou trop tôt pendant l'effort • Goût prononcé	Peut provoquer des troubles gastro-intestinaux	Risque d'hypoglycémie réactionnelle si utilisé en quantité trop importante et/ou trop tôt pendant l'effort
Quantité conseillée	< 30 g/l	< 30 g/l	< 100 g/l

Le sodium

L'apport de sodium dans une BE isotonique présente plusieurs intérêts :

- Il compense les pertes sudorales, la sueur étant un mélange d'eau et de minéraux dont le sodium est le plus abondant.
- Il permet de mieux conserver l'eau ingérée durant l'effort.
- Il améliore l'absorption de l'eau et des glucides dans l'intestin favorisant ainsi l'hydratation.

Pour un litre, 1 g suffira ce qui équivaut environ à une petite pincée de sel. Il est préférable d'éviter les comprimés de sel à avaler que vous pouvez trouver en magasin de sport car si l'apport d'eau est insuffisant, le risque de déshydratation est augmenté. Cette forme n'est pas adaptée au golfeur.

Les autres composants (vitamines, minéraux, etc.)

Ils ne sont pas indispensables pour la pratique golfique mais peuvent avoir un intérêt certain, notamment dans la protection cellulaire, le bon fonctionnement du métabolisme et l'assimilation des nutriments pour produire de l'énergie*.

La température

Mieux vaut boire frais, entre 12 et 15 °C. Cette température semble idéale pour franchir au plus vite la barrière de l'estomac.

Le pH

Il doit être neutre ou basique. Il est possible d'ajouter du potassium à raison de 0,4 g par litre. Il peut également être fourni par des fruits secs ou autre aliment solide en contenant.

* Voir partie II.

Le goût

Il doit être plaisant mais pas trop prononcé pour ne pas lasser. Le goût étant modifié à l'effort, surtout en cas de température extérieure élevée, il ne doit pas être trop sucré au risque d'écœurer le joueur.

Les boissons énergisantes ou *energy drinks*

Depuis quelques années, les boissons énergisantes se sont considérablement répandues dans le milieu sportif. Elles contiennent des sucres en plus grande proportion ainsi que des nutriments ayant un effet supposé sur la vigilance et la fatigue. Malgré le manque de preuves concernant l'intérêt de la plupart des composés et leur innocuité, certains golfeurs en consomment. Il sera donc intéressant de faire un point sur leur composition dans le chapitre II.

Préparer sa boisson de l'effort

Il sera conseillé dans un premier temps d'avoir recours à des poudres commercialisées par des laboratoires de nutrition sportive. En effet, si la BE est bien choisie, elle évitera tout risque d'erreur au niveau des proportions et permettra d'accéder à une boisson riche en minéraux et vitamines antioxydantes qui auront un effet favorable sur le bon fonctionnement musculaire et la récupération. L'offre sur le marché est très large et toutes les boissons ne correspondent pas aux besoins du golfeur, soyez donc vigilants !

Si vous souhaitez réaliser votre propre boisson de l'effort, voici quelques recettes simples, pour un litre de boisson :

- ***à 20 g/l :*** 850 ml d'eau + 150 ml de jus de raisin + le jus d'un citron (ou un demi) + 1 pincée de sel
- ***à 40 g/l :*** 700 ml d'eau + 300 ml de jus de raisin + le jus d'un citron (ou un demi) + 1 pincée de sel
- ***à 50 g/l :*** 1 l d'eau + 60 g de miel + le jus d'un citron (ou un demi) + 1 pincée de sel
- ***à 60 g/l :*** 750 ml d'eau + 250 ml de jus de raisin + 25 g de miel + le jus d'un citron (ou un demi) + 1 pincée de sel

N.B. – *Le jus de citron va apporter une note acidulée qui neutralisera le goût sucré. Il est également basifiant (apport de citrates) et riche en vitamines (C) et minéraux (potassium).*

Précautions d'utilisation

- Les BE étant concentrées en sucres, elles sont déconseillées aux sujets diabétiques. Si vous êtes concerné, consultez votre micronutritionniste ou votre médecin qui vous orientera vers un produit adapté.
- Il ne faut pas chercher à modifier les proportions pour ne pas ralentir la vidange gastrique. Si vous souhaitez modifier la composition, cherchez des équivalences.
- Si vous souhaitez aromatiser votre BE, vous pouvez ajouter un trait d'arôme naturel liquide à sa composition. Les sirops augmentent l'apport en sucres donc, si vous tenez à les utiliser, il faudra rééquilibrer les autres composants pour ne pas augmenter la concentration de votre boisson.
- En fonction de la composition et de la concentration de la BE, l'activité physique doit avoir bien commencé pour pouvoir la consommer. Un apport sucré trop important et trop tôt dans l'effort sera contre-productif.
- La BE peut être préparée à l'avance (le matin même ou la veille au soir si le départ est prévu tôt le matin) et conservée au frais.
- Peu importe le choix de boisson du joueur (eau pure, BE ou alternance des deux), il devra la tester en situation à l'entraînement, tout comme la nutrition solide : il ne faut jamais essayer une nouvelle boisson en compétition.

La BE pourra être utile au golfeur qui a du mal à s'alimenter durant le parcours, qui veut compléter ses apports solides, qui n'a pas eu le temps de gérer son plan nutritionnel ou qui n'aime pas boire de l'eau pure sur le parcours. Son utilisation doit être maîtrisée pour apporter un bénéfice au joueur. Elle n'est pas indispensable mais peut être très intéressante pour prévenir et pallier des états de fatigue passagers durant la partie.

Résumé des caractéristiques d'une BE idéale

Osmolarité	**Entre 270 à 330 mOsml/l**
Vitesse de vidange gastrique	Rapide, pour ne pas provoquer de nausées
Vitesse de vidange intestinale	Rapide, pour ne pas provoquer de ballonnements, diarrhées
Vitesse d'utilisation musculaire	Rapide et prolongée
Concentration en glucides	Entre 30 et 75 g/l (plutôt 30 g/l si utilisée en complément aux snacks solides)
Types de glucides	Glucose + Fructose + Maltodextrines
Électrolytes	Sodium : 1 g/l, Potassium éventuellement
pH	Proche de 7
Température	Entre 12 et 15 °C
Goût	Peu sucré, légèrement acidulé si tendance à l'écœurement

Toutes les autres boissons : thé, café, jus de fruits, sodas, lait... ne doivent pas être prises en compte dans les apports hydriques. Vous devez consommer l'équivalent de vos besoins hydriques quotidiens en eau pure en priorité ! Les autres boissons (excepté la boisson de l'effort qui sera prise en compte) seront considérées comme des suppléments.

c) LES BESOINS HYDRIQUES : EN PRATIQUE

Selon l'EFSA*, sous climat tempéré et avec un niveau modéré d'activité, la consommation journalière en eau nécessaire serait de :

- 2 litres pour un homme,
- 1,6 litre pour une femme.

Ces valeurs incluent les apports d'eau dans l'alimentation tels que les fruits et légumes (estimés à environ 20 %)[12].

Généralement, je préconise de consommer au minimum les apports recommandés par l'EFSA en eau pure, sans considérer les apports alimentaires. Tout d'abord parce qu'ils sont trop variables d'un individu à l'autre en fonction des habitudes alimentaires et parce qu'ils sont difficiles à évaluer. En ne prenant en compte que l'eau pure, vous vous assurez une base hydrique certaine, le reste demeurant un supplément intéressant.

Concernant le sportif, en théorie, il faudrait consommer 1 ml d'eau par calorie dépensée durant l'effort, ce qui est difficile à appréhender car il n'est pas possible d'évaluer précisément la dépense calorique durant la partie. En se basant sur une perte calorique moyenne de 1 600 kcal, il faudrait consommer 1,6 l d'eau au minimum durant une partie.

Un autre repère qui peut nous permettre d'évaluer les pertes, et par conséquent les besoins hydriques, est la perte de poids corporel. Pendant une partie, un joueur peut perdre entre 0,9 et 2,2 kg d'eau. Étant donné qu'il y a de fortes variabilités interindividuelles, liées notamment au volume

* European Food Safety Authority, ou Autorité européenne de sécurité des aliments, est une agence instituée par l'Union européenne.

de transpiration, il n'est pas toujours aisé de donner des conseils précis sur l'hydratation. Cela étant, on peut dégager des grandes lignes dans lesquelles chaque joueur se retrouvera.

Au quotidien, en dehors de la partie, boire selon les recommandations de l'EFSA.

Le sportif bien hydraté au repos assurera de meilleures performances à l'effort. Prenez l'habitude de boire un verre d'eau le matin dès le réveil et ceci avant même votre premier café ! N'hésitez pas à garder une bouteille à côté de votre lit pour y penser au lever. Il serait intéressant de boire au moins un quart de vos besoins hydriques durant la matinée soit environ 500 ml pour un homme et 400 ml pour une femme.

Boire par petites gorgées, très régulièrement.

Notre estomac peut évacuer au maximum 750 ml à un litre par heure. Cette vitesse est variable car elle dépend de plusieurs facteurs, tels que la température extérieure, l'intensité de l'effort, l'état de fatigue, le niveau de déshydratation, la concentration en sucres de la boisson et sa température. La vidange gastrique sera plus rapide si l'on consomme une boisson fraîche. Elle sera plus lente si la boisson est concentrée en sucres et/ou si la température extérieure est élevée. Il faut donc boire fréquemment et en petites quantités, tout au long de l'effort, pour assurer une vidange gastrique et une hydratation efficace.

Avant de jouer

Boire un verre d'eau dès le réveil afin d'amorcer l'hydratation : l'organisme n'a pas reçu d'apport en eau durant toute la nuit et s'est déshydraté.

Boire de façon très régulière tout au long de l'échauffement : dans les deux heures précédant le début de la partie, il faudrait consommer **500 ml** de boisson avant la partie afin d'optimiser son statut hydrique et éliminer les fluides en excès.

Pendant l'effort

Boire environ 100 ml à chaque trou, soit deux gorgées. Si vous avez du mal à vous imposer ce rythme, il convient de boire au minimum tous les trois trous. Ne pas attendre la sensation de soif !

N.B. *– Comme pour chaque aspect de la nutrition, ne tombez pas dans l'excès à savoir l'hyperhydratation qui n'apporte aucun avantage sur la performance. Au contraire, en abusant d'eau, vous risqueriez l'hyponatrémie (dilution des sels dans l'organisme).*

L'hydratation en ambiance froide

Le froid favorise l'élimination de la chaleur produite par les muscles, l'équilibre thermique est donc plus facilement atteint, mettant le sportif dans une situation « faussement » confortable. La sensation de soif sera moins bien ressentie, le risque de déshydratation et de blessures est réel. Suivez donc la stratégie hydrique proposée. Toutefois, la consommation d'énergie étant plus importante, vous pouvez légèrement augmenter la concentration en sucres de votre boisson de l'effort, en privilégiant un mélange de glucose et de fructose.

Après l'effort

Parce que les pertes hydriques sont rarement totalement compensées, il est nécessaire de rééquilibrer la balance hydrique après l'effort. La récupération peut être rapide et complète en apportant 500 ml d'eau ou de boisson de récupération par 0,5 kg de poids corporel perdu pendant l'exercice. Les boissons de récupération ont l'avantage de rétablir aussi le déficit électrolytique.

Pour ceux qui veulent aller plus loin...

Pour les golfeurs désirant connaître leurs propres besoins hydriques, vous pouvez essayer de les calculer très simplement.

- Notez votre poids corporel avant la partie.
- Notez la quantité de fluide ingérée au cours de la partie.
- Notez votre poids corporel après la partie. La différence de poids correspond au volume qui devrait être remplacé.
- Vos besoins correspondent au volume ingéré durant la partie + l'écart de poids !

Reproduisez cette expérience sur plusieurs parties d'entraînement afin de dégager une moyenne. Évidemment les conditions climatiques devront être similaires. Refaites ce test aux grands changements de saison : par temps très chaud, par temps froid, au printemps... Ça ne coûte pas de temps, pas d'énergie et c'est toujours un élément de plus dans votre stratégie nutritionnelle.

En accordant de l'importance à vos apports hydriques à la fois au quotidien et pendant vos jours d'entraînements, vous ressentirez une nette amélioration de votre état général en deux à trois semaines maximum. On ne réalise pas les bienfaits d'une hydratation optimale avant d'avoir expérimenté soi-même le changement.

Au début, vous aurez l'impression de vous forcer à boire mais au fil des jours la sensation de soif se développera.

Votre corps va s'habituer et réclamer de l'eau si bien que vous boirez sans difficulté les volumes indiqués ci-dessus. De même, vous aurez naturellement plus souvent envie d'aller aux toilettes les premiers temps. Rassurez-vous car, là encore, notre organisme s'adapte et se régule en deux à trois semaines.

2. Les bases de la nutrition du golfeur

Pour bien comprendre comment optimiser sa performance, il est nécessaire d'avoir certains prérequis. Dans cette partie, nous n'aborderons que deux grandes classes d'aliments essentielles au golfeur : les glucides et les protéines. Les acides gras et les fibres, tout aussi indispensables, seront corrélés à la prise en charge micronutritionnelle dans la deuxième partie.

a) LES GLUCIDES : NOTIONS DE BASE

Comme nous l'avons évoqué plus haut, les glucides, communément appelés « sucres », constituent notre principal carburant énergétique.

Une partie est libre et circule dans le sang sous forme de glucose. Elle permet de mesurer la glycémie. Le glucose est stocké sous forme de glycogène (chaîne de molécules de glucose) au niveau des muscles (environ 15 g/kg de muscle soit environ 350 à 550 g par individu) et du foie mais en quantité moindre. À la différence du glycogène hépatique, le glycogène musculaire ne peut être utilisé que par les fibres musculaires qui le stockent. Enfin, quand les glucides sont apportés en excès, notre organisme les convertit en triglycérides, stockés dans le tissu adipeux augmentant ainsi notre masse grasse.

On classe les glucides en fonction de leur structure : ils peuvent être simples ou complexes.

Classement des principaux glucides

Glucides simples		Glucides complexes
Monosaccharides	**Disaccharides**	**Polysaccharides**
Glucose = dextrose *(sirop de glucose à usage industriel)*	**Saccharose** = glucose + fructose *(sucre de table, de coco, sirop d'érable)*	**Amidon** *Graines de céréales (riz, blé, avoine), quinoa, châtaignes* *Légumineuses (lentilles, pois, fèves)*
Fructose *(fruits, miel, sirop d'agave)*	**Lactose** = galactose + glucose *(sucre des produits laitiers)*	**Glycogène** « Amidon » animal, non retrouvé dans l'alimentation
Galactose *(miel, produits laitiers)*	**Maltose** = glucose + glucose *(houblon, malt, bière)*	**Maltodextrines** *(produits du sport)*
Mannose *(airelles)*		**Fibres alimentaires** *(fibres des végétaux, des fruits, des légumes secs, inuline)*

On a longtemps considéré que les glucides simples étaient d'assimilation rapide et les complexes d'assimilation lente. Bien que répandue pendant plusieurs décennies, cette idée est aujourd'hui obsolète car on sait que la structure simple ou complexe d'un glucide n'est pas le seul paramètre conditionnant sa rapidité d'assimilation.

Il a donc fallu trouver un moyen plus fiable de déterminer l'impact des glucides ingérés sur la glycémie du sportif, et ce, pour pouvoir mieux la maîtriser. On le rappelle, le contrôle de la glycémie est un des objectifs clés en nutrition sportive car directement corrélé à la réalisation de performances ou de contre-performances.

La notion d'index glycémique

L'index glycémique (IG) est un indice propre à l'aliment, qui mesure sa capacité à élever la glycémie, en comparaison à la même quantité de glucose pur (utilisé comme référence et dont l'IG = 100). Plus la sécrétion d'insuline est importante (influence forte sur la glycémie), plus l'IG est élevé.

IG faible	< 40	Sécrétion **faible** d'insuline
IG modéré	40-60	Sécrétion **modérée** d'insuline
IG élevé	> 60	Sécrétion **forte** d'insuline

L'IG peut être influencé par de nombreux facteurs. Citons en quelques-uns avec les recommandations qui en découlent.

- **La présence de fibres végétales :** elle diminue l'IG en augmentant le volume et la viscosité du bol alimentaire dans l'estomac.
  - Privilégiez les fruits entiers aux jus de fruits dont les fibres sont restées dans le presse-agrumes.
  - Évitez de mixer, d'écraser les aliments.
  - Mangez les fruits avec la peau, riche en fibres (s'ils sont bio uniquement).
  - Consommez des fibres à chaque repas (légumes, légumineuses).
- **L'association à d'autres aliments :** l'IG diminue si l'on prend au cours du même repas des protéines et/ou des graisses, par ralentissement de l'assimilation.
  - Évitez la consommation isolée de produits sucrés, surtout le matin après le jeûne nocturne.
  - Ajoutez des protéines à votre petit déjeuner.
- **Le raffinage :** il augmente l'IG en supprimant les fibres naturellement présentes. On note aussi que le raffinage élimine en partie les vitamines et minéraux.

  - Préférez les céréales complètes.
  - Pour le choix des farines, plus le type est élevé, plus le produit est complet (farine T110 complète *vs* farine T55 blanche).
- **La cuisson :** l'IG augmente avec une cuisson longue et/ou à température élevée car elle dégrade de manière plus importante l'amidon présent.
  - Préférez les cuissons courtes et/ou à faible température.
  - Mangez vos pâtes *al dente* si vous souhaitez baisser l'IG de votre assiette.
- **Les transformations industrielles :** tout procédé utilisé pour rendre les céréales légères, soufflées et croustillantes augmentent l'IG.
  - Consommez ces aliments exceptionnellement.

D'autres facteurs interviennent mais vous avez là ceux qui influencent principalement l'IG. Si vous y prêtez attention, vous pourrez simplement, mais considérablement, réduire les fluctuations de votre glycémie.

Pour le golfeur

En dehors de vos entraînements de golf, privilégiez les glucides à IG bas, voire moyen.

Pendant votre partie de golf, les glucides à IG élevé pourront être consommés mais seulement pendant le dernier tiers de la partie. Ils limiteront la diminution des niveaux de glycogène dans les muscles[13-14].

b) LE PIRE ENNEMI DU GOLFEUR : L'HYPOGLYCÉMIE RÉACTIONNELLE

Comme je vous l'ai déjà expliqué plus tôt, les glucides sont le principal carburant de notre organisme, à la fois pour les fonctions motrices et cognitives. Mais bien qu'ils constituent un substrat énergétique fondamental, ils pourront devenir un redoutable facteur de contre-performance si :

- ils ne sont pas bien choisis ;
- ils ne sont pas consommés en quantité adaptée ;
- ils ne sont pas pris au moment adéquat.

Le golfeur devra veiller à ce que sa glycémie soit la plus stable possible durant la partie pour rester solide du premier au dix-huitième trou et éviter à tout prix le phénomène d'hypoglycémie réactionnelle (HR).

De quoi s'agit-il ?

La glycémie (taux de sucre dans le sang) est régulée par un ensemble d'hormones (insuline, glucagon, cortisol, etc.). Notre organisme tendant toujours vers l'équilibre, il fait en sorte que notre taux de sucre dans le sang revienne toujours à un niveau basal (compris entre 0,70 et 1,1 g/l à jeun).

Après un repas, les sucres issus de la digestion entraînent une augmentation de la glycémie. Ceci provoque la sécrétion d'insuline, hormone hypoglycémiante sécrétée par le pancréas. L'insuline œuvre pour que les glucides entrent dans les cellules et soient utilisés à des fins énergétiques. Les glucides apportés en excès seront quant à eux stockés sous forme de triglycérides (lipides)[15]. Finalement, le taux de sucre revient à la normal après un certain temps.

Si les aliments consommés ont une charge glycémique élevée, une forte sécrétion d'insuline provoquera une baisse de la glycémie qui sera alors inférieure à son niveau initial : c'est **l'hypoglycémie réactionnelle** (HR). Cet état est temporaire car la glycémie revient ensuite à son niveau basal.

L'apparition de l'hypoglycémie réactionnelle dans le temps

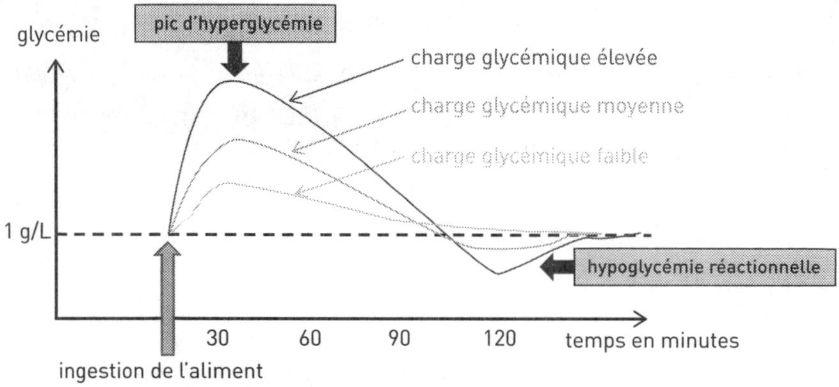

Que se passe-t-il pendant cette phase d'HR ?

L'effet le plus pénalisant pour le golfeur que vous êtes est la perte d'énergie, la sensation de ne plus « avoir de jus ». Elle peut être associée à une sensation de faim. Toutes les fonctions seront atteintes. Au niveau physique, vous vous sentirez moins fort, rapide, puissant, précis. Sur le plan mental, vous aurez moins d'envie, d'intention, plus de difficulté à prendre les bonnes décisions stratégiques.

Comme vous l'aurez compris, cette situation est absolument incompatible avec la réalisation d'une performance. Si vous êtes un joueur amateur, il est également préférable d'éviter ce genre de situation qui s'accompagne souvent d'une perte de plaisir à jouer.

Comment ne pas me retrouver en situation d'HR ?

C'est là tout l'objet de la partie suivante ! Vous comprendrez qu'avec des apports en glucides adaptés, consommés au bon moment et associés aux bons nutriments, vous éviterez facilement ce « coup de barre » inutile.

c) LE « TOUT GLUCIDIQUE » POUR PERFORMER : CHASSE AUX IDÉES REÇUES !

Même si vous n'êtes pas spécialiste en nutrition sportive, tout le monde l'a déjà lu ou entendu : le sportif doit manger beaucoup de glucides. Les marathoniens ont tous déjà fait l'expérience de la « pasta party » la veille d'une course.

Les recommandations avant, pendant et après une compétition tendent toutes vers le même objectif : recharger au maximum ses réserves en glycogène avant l'effort et les maintenir en apportant des sucres régulièrement pendant l'effort. Les glucides, principal « fioul » de notre organisme, doivent être le pilier central de l'alimentation du sportif.

Bien que la base soit intéressante, je pense important de nuancer ce discours et de le recentrer **sur les besoins spécifiques du golfeur**. En effet, ces dogmes établis ne sont, à mon sens, pas en accord avec les besoins réels du golfeur en compétition. En dehors des tournois, le plan nutritionnel devra être adapté au type de préparation physique (cardio-vasculaire et/ou renforcement musculaire), d'entraînement, et individualisé autant que possible.

À durée d'effort égale, le golfeur n'a pas les mêmes besoins qu'un coureur ou un cycliste.

Les études sur les besoins énergétiques à l'effort ont le plus souvent été menées sur des sportifs d'endurance tels que les coureurs, cyclistes, nageurs... Dans ces disciplines, la dépense énergétique est très importante et leurs besoins glucidiques sont élevés.

Nous l'avons vu plus tôt, la pratique du golf est une activité physique à part entière qui entraîne une dépense énergétique et mobilise nos ressources. Il est toutefois indispensable de considérer le type d'effort réalisé : le swing dure quelques secondes puis le joueur marche jusqu'à sa balle puis il attend que l'autre joueur frappe, puis il frappe à nouveau. Ceci nous montre juste que, même pour une durée d'activité égale, on ne peut en aucun cas transposer au golfeur les résultats d'études faites chez un sportif réalisant un effort d'endurance continu.

Il n'est donc pas nécessaire de surcharger le golfeur en glucides. Le principal objectif est de lui assurer un apport suffisant pour maintenir un niveau d'énergie stable et ne pas subir de variations importantes de glycémie pendant la partie.

***N.B.* –** *Si vous faites une préparation physique en parallèle, les besoins nutritionnels changent. Un golfeur n'aura pas les mêmes dépenses et donc pas les mêmes besoins un jour de compétition, un jour de préparation physique et un jour de repos. Cette partie est consacrée à la nutrition d'une journée type de partie de golf, à l'entraînement ou en compétition.*

Les glucides du sportif : des produits souvent transformés

L'hypoglycémie réactionnelle, le pire ennemi du golfeur, est souvent causée par des aliments à charge glycémique élevée. C'est le cas de bon nombre de nos sources de glucides. En effet, si l'aliment entier a souvent une charge glycémique moyenne, le fait de le transformer par divers procédés industriels va la rendre élevée, voire très élevée.

Prenons l'exemple d'un aliment de base que tout golfeur a dans ses placards : **le riz**. Le tableau suivant indique les IG du riz commercialisé sous différentes formes.

Index glycémique des différents types et préparations de riz

Type de riz (cuit)	IG	Commentaires
Complet	50	IG le plus faible Riche en micronutriments
Blanc, refroidi 18-20 h et réchauffé*	53	Bonne astuce pour abaisser l'IG Demande de l'anticipation
Basmati	58	Très bonne alternative quand on n'aime pas le riz complet
Blanc	69	IG élevé Appauvri de la plupart de ses micronutriments
Rice Krispies ®	82	IG très élevé Riz cuit, séché, éclaté, grillé, sucré Faiblement satiétogène
Galette de riz	85	IG très élevé Faussement diététique
Blanc, cuisson rapide (3 min micro-onde)	87	IG très élevé Coût plus élevé Cuisson dans du plastique

* *Petite astuce pour abaisser l'IG de votre riz blanc* : refroidir le riz durant 18 à 20 heures permet de reformer partiellement les amidons détruits lors de la cuisson. La proportion de glucides complexes augmente alors, faisant diminuer l'IG de l'aliment. Ceci est également valable pour les pommes de terre. N'hésitez donc pas à les faire cuire la veille et les placer toute la nuit au frigo. Même en les réchauffant le lendemain, l'IG aura été nettement abaissé par rapport à la veille.

Ces données montrent que plus le produit est transformé, plus il perd en densité nutritionnelle. L'aliment se « vide » de ses précieux micronutriments (magnésium, potassium, fibres, etc.), provoque une sécrétion d'insuline importante, ce qui accroît le risque d'HR et de stockage sous forme de graisses.

Il est évident maintenant que les glucides transformés n'ont pas leur place dans le régime alimentaire quotidien d'un golfeur de haut niveau ou amateur. Ils seront parfois utilisés en récupération pour accélerer la restauration des réserves en glycogène. Les glucides transformés sont également à éviter autant que possible chez tout golfeur souhaitant contrôler son poids et soucieux de sa bonne santé.

Que retirer de tout ça ?

Quel que soit votre niveau, les glucides constituent le carburant essentiel à la pratique du golf, ils sont donc incontournables dans votre ration alimentaire, en particulier les jours de compétition. Cependant, il ne faut pas céder aux fausses croyances du type « plus je mange des glucides, plus j'aurai de l'énergie pendant la partie », tout est question d'équilibre.

En résumé

- **Les glucides doivent être consommés en quantité adéquate :** un apport excessif implique de réduire la place laissée aux autres groupes alimentaires fondamentaux, tels que les protéines et les végétaux.
- **Les glucides doivent être apportés au bon moment :** importance de la chrononutrition.
- **Les aliments à IG bas ou moyen doivent être privilégiés** pour ne pas perturber le métabolisme glucidique, éviter le risque d'hypoglycémie réactionnelle et la prise de poids. Les aliments à IG élevé pourront éventuellement être consommés pour le plaisir, en récupération.
- **Autant que possible, vos aliments sources de glucides devront être complets.** Évitez les produits raffinés, transformés qui ont perdu beaucoup de leurs qualités nutritives et se sont enrichis en additifs indésirables.
- **Usez d'astuces simples** telles que le refroidissement après cuisson de certains aliments riches en amidon pour moduler leur IG.

- **Consommez une majorité de végétaux** (légumes et fruits), sources de nombreux micronutriments qui seront détaillés dans la deuxième partie.
- **Mangez les aliments dans leur version la plus proche de celle que vous trouveriez dans la nature.** Aux abords d'une rizière, vous aurez beaucoup plus de chance de trouver un grain de riz complet dans son enveloppe naturelle que dans un sachet cuisson en plastique « spécial four à micro-onde » !

d) FOCUS SUR LES PROTÉINES : RÔLES, QUANTITÉ, QUALITÉ

Les protéines sont aussi importantes que les glucides chez le golfeur. Elles doivent être un élément clé de la nutrition du golfeur. Au-delà des besoins quantitatifs, il faudra veiller à consommer des protéines de qualité, à la fois animales (sauf en cas de régime spécial) et végétales pour ne pas entraîner d'effets négatifs sur l'organisme et sur l'environnement.

Généralités

Une protéine est une molécule composée d'une chaîne d'acides aminés. Il existe 20 acides aminés dont 9 sont dits « essentiels », ce qui signifie qu'ils ne peuvent être apportés que par l'alimentation. Les 11 autres, non essentiels, peuvent être fabriqués par notre organisme.

L'homme ne sachant pas fabriquer les protéines à partir d'autres nutriments, ils doivent obligatoirement être apportées par l'alimentation.

Rôles des protéines

Rôle structural et fonctionnel

La masse sèche de notre corps est composée à 60 % de protéines et d'acides aminés. Les protéines composent : les muscles, les os, la peau... Elles nous défendent contre les infections via les anticorps, transmettent des messages via les hormones, participent à de multiples réactions via les enzymes...

Rôle dans le métabolisme de base, la tonicité, intérêt pour le swing

Pour augmenter sa force et tirer de puissants coups de driver, le golfeur aura intérêt à ne pas avoir trop d'excès de masse grasse et à développer sa masse « maigre », c'est-à-dire sa masse musculaire.

Sans se focaliser sur la diététique et le contrôle du poids, on constate assez facilement que les nouvelles générations de golfeurs professionnels ont pour la plupart des physiques d'athlètes. Ils ont bien compris qu'à poids égal le joueur ayant une masse musculaire plus importante aura certains avantages :

- Le métabolisme de base du joueur « musclé » sera plus élevé. Cela signifie qu'au repos comme à l'effort, il brûlera plus de calories ce qui aide à un meilleur contrôle du poids.
- Les hormones anabolisantes seront plus stimulées chez le golfeur « musclé » ce qui entraînera, entre autres, une meilleure récupération.
- « Porter » de la masse grasse (plus le poids du sac) peut augmenter la sensation de fatigue. À poids égal, le golfeur « musclé » se sentira plus tonique sur le parcours.

Le but n'est absolument pas d'avoir une musculature trop développée qui pourrait plus devenir une gêne dans votre swing qu'un avantage. Il s'agit, sans volonté de modifier le poids, de modifier la répartition entre les différents compartiments, en privilégiant la masse maigre. Avoir des jambes, des fessiers, des bras et des épaules plus musclés que « gras » vous rendra plus tonique, plus dynamique et améliorera indéniablement votre swing.

Pour cela, il faudra faire des séances de musculation, en dehors de votre entraînement ou de votre partie de golf, et veiller à des apports protéiques alimentaires suffisants.

Rôle de réparation tissulaire

Tout effort place le muscle dans un état de catabolisme, c'est-à-dire de destruction des fibres musculaires. Après l'effort, avec une nutrition adaptée et du repos, le muscle se trouve en état d'anabolisme et se reconstruit plus fort qu'à l'état initial. C'est le processus qui permet de **progresser et de développer la masse musculaire** et qui explique les besoins augmentés en protéines du sportif en comparaison au sujet sédentaire : il y a plus à réparer donc il faut manger plus de protéines !

Si la nutrition post-effort est inadaptée et/ou que vous ne respectez pas des temps de repos suffisants entre les entraînements, le catabolisme primera. Ceci provoquera une sensation de fatigue et des douleurs musculaires qui dureront plusieurs jours et qui seront nuisibles à vos entraînements de golf. Plutôt difficile de faire un bon swing avec de fortes courbatures dans les épaules ou les bras, n'est-ce pas ?

Avoir un apport protéique suffisant permettra donc une **meilleure récupération** : une meilleure cicatrisation des tissus grâce au collagène notamment, moins de courbatures et moins de fatigue.

Effet satiétogène

Nous l'avons déjà tous expérimenté, quelle que soit notre activité, avoir faim déconcentre ! Pendant une partie, la priorité étant de rester focalisé sur son jeu, consommer des protéines avant et pendant l'effort limitera le risque de fringale pendant la partie.

Rôle énergétique

Dans certains régimes sans glucides, les acides aminés peuvent être utilisés pour produire du glucose. Ces régimes ne seront évidemment pas conseillés chez le sportif qui a besoin de ses protéines pour préserver sa masse musculaire.

Rôle au niveau intestinal

Les tissus intestinaux sont nourris par les polyamines, molécules largement produites à partir de deux acides aminés : la méthionine et l'ornithine. Les protéines sont donc très utiles à une bonne santé intestinale.

Rôle dans les fonctions mentales

Les neurotransmetteurs sont synthétisés à partir d'acides aminés issus des protéines. Nous l'aborderons dans le deuxième chapitre.

Les besoins quantitatifs

Pour avoir un statut protéique optimal, l'apport doit être quotidien. En effet, notre organisme renouvelle chaque jour une partie de ses protéines, c'est ce que l'on appelle le **« turn-over protéique »**. De plus, il n'existe pas de stockage de protéines : si vous en consommez en excès, elles seront dégradées et éliminées sous forme de déchets acides azotés qui viendront perturber l'équilibre acido-basique et créer (ou entretenir) un terrain défavorable. Une partie pourra également stagner au niveau intestinal et provoquer des ballonnements.

Un apport excessif n'aura aucun intérêt car l'organisme a des limites d'assimilation : 20 à 30 g d'apports protéiques par repas seront amplement suffisants. Répartissez les apports entre les trois principaux repas et les snacks.

Selon l'ANSES*, « dans l'état actuel des connaissances, des apports entre **0,83 et 2,2 g/kg/j** de protéines peuvent être considérés comme satisfaisants pour un individu adulte de moins de 60 ans », « chez les personnes âgées (plus de 60 ans) elle est légèrement plus élevée, de l'ordre de **1 g/kg/j** » [16].

Les besoins en protéines sont variables d'un individu à l'autre. En tant que golfeur, surtout si vous faites une préparation physique en parallèle, vos besoins sont naturellement supérieurs à une personne sédentaire.

Il est toujours difficile de donner des valeurs de besoins protéiques qui conviendront à tous. Ils dépendent **du type et du niveau d'activité** : jour de repos, de préparation physique, d'entraînement de golf. Dans tous les cas, quel que soit le niveau d'activité du jour, il conviendra d'apporter au minimum **1,2 g/kg par jour** de protéines. Les besoins seront augmentés sur conseil individualisé.

En fonction de votre poids initial, les besoins peuvent être importants. Essayez de consommer des protéines à chaque repas et augmentez progressivement vos apports en vous approchant au maximum de la quantité qui aura été calculée pour vous.

* Agence nationale de sécurité sanitaire de l'alimentation, de l'environnement et du travail.

Je suis un golfeur senior, ai-je aussi besoin d'augmenter mes apports ?

La fonte musculaire est physiologique avec l'âge et commence dès 30 ans, avec une nette accélération à partir de 50 ans.
Même sans modification du poids, entre ses 30 et 60 ans un homme n'aura pas la même silhouette. Il y a une modification de la répartition du poids, avec plus de gras et moins de muscle[17].
Perdre en densité musculaire rend plus vulnérable aux blessures, diminue la force de frappe et par conséquent les distances sur le parcours.
Le vieillissement rend également sujet à l'ostéoporose, il est donc important de fournir aux os fragilisés, et aux articulations en général, une enveloppe solide grâce à une bonne densité musculaire.
Vous l'avez compris, pour bien vieillir et pouvoir jouer longtemps, restez musclé !

Des protéines, oui mais de qualité !

Consommer une quantité suffisante de protéines sera déjà une victoire car la plupart des golfeurs ont des apports inférieurs à leurs besoins. Pour que les protéines ingérées soient utilisées efficacement par l'organisme, elles doivent répondre à deux critères.

- **Fournir un nombre suffisant et équilibré en acides aminés essentiels**. En effet, si un acide aminé essentiel est déficitaire dans la protéine alimentaire, l'utilisation de tous les autres acides aminés de la protéine sera limitée.
  Certaines classes d'aliments sont connues pour être déficitaires en certains acides aminés identifiés. Par exemple, les céréales sont fréquemment déficitaires en lysine alors que les légumineuses le sont souvent en tryptophane,

méthionine et cystéine. L'enjeu sera donc de pallier l'absence de ces acides aminés limitants en associant différentes classes d'aliments qui se complètent alors (céréales + légumineuses).

On a longtemps pensé que tous les acides aminés devaient être apportés au cours du même repas. On sait aujourd'hui que le foie a une capacité de rétention des acides aminés sur la journée. Vous pouvez donc varier vos sources sur les différents repas tout au long de la journée.

- **Avoir un bon coefficient de digestibilité.** Il représente la capacité du tube digestif à absorber les acides aminés pour qu'ils puissent être utilisés. Ce coefficient peut varier en fonction de la présence de fibres, de polyphénols, du mode de cuisson (transformation de la protéine), de facteurs antinutritionnels, etc.

  Les facteurs antinutritionnels comme les phytates et les oxalates, sont des molécules qui s'opposent aux enzymes digestives et empêchent donc l'absorption des acides aminés[18]. La solution est simple : trempez vos légumes secs dans l'eau avant la cuisson pour enlever jusqu'à 80 % des facteurs antinutritionnels, améliorer la digestibilité et réduire le risque de ballonnement.

L'index PDCAAS

Pour ceux qui veulent aller plus loin... l'index PDCAAS permet d'évaluer au mieux la qualité nutritionnelle d'une protéine en prenant en compte les deux critères précédents : la richesse en acides aminés essentiels et la digestibilité. Plus cet indice est proche de 1, plus la protéine sera intéressante pour remplir les rôles cités plus haut.

Les sources

Les produits animaux (viande, poisson) et les sous-produits animaux (œufs et produits laitiers) contiennent des protéines de haute qualité.

Les protéines végétales sont de qualité inférieure car elles sont souvent incomplètes. Associer céréales et légumineuses augmente considérablement leur qualité protéique. Par exemple :

- riz + lentilles
- riz + haricots rouges
- blé + pois chiche

Le soja contient quant à lui des protéines végétales de haute qualité.

Notre alimentation devrait apporter autant de protéines végétales que de protéines animales.

Teneur en protéines d'aliments d'origine animale[19]

Sources	Teneur approximative en protéines (g/100 g)	PDCAAS si connu
Bœuf	21	0,92
Blanc de poulet	21	0,91
Porc, jambon	21	
Thon	24	0,90
Cabillaud	23	
Sardines	20	
Blanc d'œuf	11	1
Fromage blanc	8	
Yaourt nature	4	
Lait demi-écrémé	3.8	1

Teneur en protéines d'aliments d'origine végétale[19]

Sources	Teneur approximative en protéines (g/100 g)	PDCAAS si connu
Soja (tofu)	9,9	0,92
Pois cassé (cuit)	8,4	0,61-0,68
Blé complet (farine)	9,9	0,57
Pois chiche (cuit)	6,8	0,66-0,71
Lentilles (cuites)	10	0,52
Fèves (cuites)	6,1	0,47
Haricots blancs (cuits)	6,7	0,68
Noix de Grenoble	13	
Amandes (avec peau)	21	
Noix du Brésil	14	
Noix de cajou	15	
Noix de pécan	9,5	
Spiruline (déshydratée)	57	
Laitue de mer (déshydratée)	15	

Où trouver 20 g de protéines animales ?

Pour que vous ayez une idée de ce que peuvent représenter 20 g de protéines animales, voici quelques exemples. L'idée étant bien évidemment de varier entre ces différents types d'aliments pour diversifier votre alimentation.

- 100 g de viande blanche ou rouge,
- 80 g de thon,
- 2 œufs moyens,
- ½ litre de lait,
- 250 g de fromage blanc.

3. Nutrition avant la partie, en fonction de l'heure de départ

Maintenant que vous êtes parfaitement hydraté et que vous avez acquis quelques bases en nutrition, venons-en à ce que vous mangerez le jour de la partie. Que ce soit pour une partie entre amis ou en compétition, rappelons que l'objectif du plan nutritionnel est de couvrir vos principaux besoins pendant l'échauffement et toute la durée de la partie :

- en ayant autant d'énergie à la fin des 18 trous qu'au début ;
- en ne ressentant jamais la faim.

Concernant les autres objectifs nutritionnels, comme : augmenter sa masse musculaire, diminuer sa masse grasse, nourrir son cerveau pour avoir des fonctions mentales optimales, préserver son système vasculaire et ses articulations, ils seront atteints par un travail de fond et une amélioration de sa nutrition au quotidien. Cela ne signifie pas qu'on la relègue au second plan, c'est l'exact inverse : pour pouvoir performer le jour J, il sera beaucoup plus simple et efficace de gérer sa nutrition si vous avez sainement préparé le terrain.

a) PRINCIPES GÉNÉRAUX

- **La nutrition doit être envisagée comme une alliée**, qui permettra à votre organisme de gérer ses réserves énergétiques. La « machine humaine » fonctionne avec de l'énergie, les glucides issus du processus de digestion en sont le principal carburant.
- **Il n'y a pas de schéma universel,** ni d'alimentation idéale. Chaque sportif est différent : la digestion, l'assimilation des nutriments et micronutriments sera variable en fonction des

capacités de métabolisation de chacun, de son terrain, des facteurs environnementaux auxquels il est soumis, etc.

- **Les besoins quantitatifs ne seront pas les mêmes d'un joueur à l'autre,** nous nous intéresserons donc plutôt aux proportions et à la répartition pour que chaque golfeur puisse adapter ces conseils à ses besoins.
- **Le plan nutritionnel doit être connu,** familier, bien toléré au niveau digestif. C'est l'expérience personnelle au fil des entraînements qui doit primer. Aucun changement ne devra être testé un jour de compétition.
- **Manger est avant tout un plaisir** ! On a tendance à l'oublier quand on traite de nutrition... C'est un plaisir au service de votre performance. Précieux outils longtemps mis de côté, la nutrition sportive est aujourd'hui au premier plan du sport de haut niveau, même s'il y a encore énormément d'efforts à faire, notamment chez le golfeur.
- **Le moment de prise des nutriments** (glucides, protides et lipides) influence la réponse adaptative à l'exercice. Ceci nous amène à développer une notion essentielle : la **chrononutrition**.

  Il est tout aussi important de se préoccuper de ce que l'on mange que de **quand** on le mange. À la question : « Que faut-il manger pendant une partie de golf ? », la réponse qui suivra sera toujours la même : « À quel trou en êtes-vous ? » Les besoins évoluant au fur et à mesure de la partie, les conseils nutritionnels se feront dans le respect d'une chronologie des besoins du golfeur.

La chrononutrition

Elle est basée sur la chronobiologie, science qui étudie les rythmes biologiques auxquels est soumis tout organisme. Elle tient compte des sécrétions enzymatiques et hormonales de l'organisme humain, dont les variations ou les apparitions sont réglées par des stimuli horaires d'activité,

de **lumière ou de nuit, de veille ou de sommeil,** de **faim ou de satiété.**
Ces rythmes biologiques sont endogènes, codés génétiquement mais modulés par les synchroniseurs « externes » tels que le rythme social et l'alternance jour/nuit.
Le devenir métabolique d'un nutriment ou d'un micronutriment va donc être différent **en fonction de l'heure d'administration :** de cela découleront des applications pratiques en nutrition et en supplémentation micronutritionnelle.

b) LE REPAS D'AVANT PARTIE

Avec tous les éléments mis à notre disposition dans la partie précédente, il est aisé de dégager la structure type d'un repas d'avant partie.

Composition d'un repas d'avant partie

Il devra être :

- **Suffisant en protéines**. Bien qu'elles ne soient pas considérées comme une source énergétique, elles sont fondamentales pour le golfeur. Je vous ai indiqué un apport minimum journalier pour le sportif que vous êtes (ou non). En fonction de votre poids et sans recours à une supplémentation, les apports alimentaires pour couvrir les besoins peuvent être quantitativement importants. Mieux vaut donc amorcer les apports dès le petit déjeuner.
  Aussi, selon les principes de la chrononutrition, les apports protéiques doivent commencer dès le matin. Rappelons qu'ils sont essentiels pour la forme physique générale du golfeur, pour préserver sa masse musculaire et donc sa force. Ils sont aussi importants dans la synthèse des neurotransmetteurs comme la dopamine, facteur essentiel de la motivation, l'élan, la détermination et donc du mental de gagnant.
  Tout comme un excès de glucides à index glycémique élevé consommés avant la partie peut entraîner une baisse

d'énergie pendant la partie, un excès de protéines nuira à la digestion et entraînera une production accrue de déchets acides. Pour les protéines la règle est simple : ni trop, ni trop peu !
Il conviendra de choisir des protéines de qualité, d'éviter, avant la partie, une consommation excessive de viande rouge (plus grasse et acidifiante), de privilégier la viande blanche, les œufs, les poissons maigres, type cabillaud, et non panés, etc.

- **Équilibré en glucides complexes** pour soutenir les réserves et donc maintenir un bon niveau de glucose dans le sang. Privilégiez les glucides à IG bas ou moyen, par exemple : pommes de terre vapeur, patate douce, quinoa, riz basmati, lentilles, pain nordique à la farine de seigle, etc.
- **Pauvre en gras** pour ne pas ralentir la vidange gastrique. Apportez tout de même à chaque repas un apport en acides gras essentiels que ce soit sous forme d'huiles végétales, d'oléagineux, etc. Leurs propriétés bénéfiques pour le golfeur seront détaillées dans le deuxième chapitre.
- **Équilibré en fibres** parce que les légumes et les fruits sont indispensables à l'équilibre alimentaire du golfeur. La quantité est à adapter en fonction d'éventuels troubles digestifs pour ne pas être « dérangé » pendant la partie. Les bienfaits des végétaux seront détaillés plus loin.

À quel moment prendre son repas principal d'avant partie ?

Au début de la partie, le dernier repas principal devra être complètement digéré. Il faut compter **entre trois et quatre heures** pour digérer un repas précompétitif adapté. Plus le repas est lourd et éloigné des recommandations, plus le temps de digestion sera long. Les gros repas sont donc à éviter les jours de compétition.

Certains joueurs se sentiront à l'aise en finissant leur repas trois heures avant le début de la partie, d'autres géreront mieux leur énergie en le finissant quatre heures avant. Ceci est très individuel et doit être testé à l'entraînement. C'est en expérimentant les jours de partie d'entraînement que vous construirez petit à petit votre routine nutritionnelle. À l'échelle de la journée, essayez toujours de composer avec les recommandations qui sont adaptées à votre physiologie et vos besoins. N'hésitez pas à vous faire accompagner dans cette démarche.

Dans tous les cas, ne réduisez pas à moins de deux heures ce temps car la digestion est une succession d'étapes qui demandent du temps. Laissez donc à votre corps le temps de travailler à son rythme !

Et les jours précédents la partie ?

Les réserves en glycogène dans lesquelles vous puiserez le jour J auront été constituées les 24 à 48 heures précédant le jour de la compétition[20-21]. Il n'est pas possible de réduire ce temps. Il est donc recommandé d'avoir une bonne hygiène de vie et des repas équilibrés au minimum trois jours avant la compétition (et la majorité du temps si vous visez le haut niveau !). Consommez votre quantité habituelle de protéines chaque jour ainsi que des glucides à chaque repas. Inutile de se « gaver » de pâtes et autres produits trop sucrés sous prétexte que vous avez une compétition trois jours plus tard !

Si vous avez des apports glucidiques suffisants et que vous évitez de faire un trail qui viderait vos réserves en glycogène, vous n'aurez aucun problème à stocker la quantité de glucides suffisante à votre journée de golf.

c) DÉPART TRÈS TÔT LE MATIN

Si le départ est très tôt le matin, à 7 heures par exemple, vous ne pourrez pas vous lever quatre heures avant la partie.

Il est quand même conseillé de se lever environ deux heures à trois heures avant.

Pendant la nuit, le foie a libéré du glucose à partir de son glycogène pour maintenir la glycémie et assurer le bon fonctionnement cellulaire durant cette période de jeûne. Le stock de glycogène hépatique a donc significativement diminué.

Il est par conséquent impossible de négliger la nutrition précompétitive même tôt le matin car commencer votre partie avec des réserves affaiblies entraînera une fatigue musculaire précoce.

Ce que vous mangerez au petit déjeuner conditionnera votre niveau d'énergie, de force et de concentration pour les heures à venir.

L'importance de ne pas sauter le petit déjeuner

Quand le départ est très matinal, certains joueurs sautent le petit déjeuner et glissent dans leur sac un paquet de biscuits et une boisson de l'effort pensant assurer à leur organisme suffisamment de carburant pour gérer les efforts des quatre heures à venir. En tant que sportif, la prise d'un petit déjeuner ne peut pas être une option. Quelle que soit l'heure, un temps doit lui être dédié. Il n'a pas l'obligation d'être quantitativement important, mais il doit être réfléchi et planifié.

Il a été montré dans une étude que la prise d'un **petit déjeuner** (*versus* pas de petit déjeuner) réduirait les variations importantes de glycémie après le **déjeuner** : il s'agit du ***second-meal phenomenon***[22]. Une glycémie postprandiale plus stable limite le risque de coup de fatigue l'après-midi. Vous le verrez, ceci sera très utile à votre séance de practice de l'après-midi pendant les tournois !

Le plus important dans ce contexte-là sera les repas de la veille car les réserves énergétiques se seront constituées dans les 24 à 48 heures précédant la partie.

En pratique, la veille

Le repas du soir pourra être un peu plus riche en féculents afin d'augmenter la mise en réserve de glycogène pour le lendemain.

Ne jamais négliger les protéines en favorisant les sources végétales le soir : lentilles, pois chiches, pois cassés... Mélangés avec vos féculents, ils viendront augmenter vos apports protéiques sans risquer de perturber votre sommeil. Vous pouvez évidemment compléter avec une source de protéines animales mais en quantité moindre.

Exemple 1 : viande hachée + quinoa/pois chiches + légumes poêlés + fruit

Exemple 2 : poulet + mélange riz blanc/lentilles + légumes sautés + fruit

Vous pouvez consommer le fruit à distance du repas, dans la soirée, si vous avez du mal à le digérer.

Le jour même

Dans l'idéal, prendre son petit déjeuner une heure et demie à deux heures avant le début de la compétition. Suivre le modèle proposé ci-après.

Du fait de la courte durée entre le petit déjeuner et le début de la partie, la ration d'attente aura moins d'importance. Toujours en prévoir une cependant.

Éviter absolument les viennoiseries, grasses et donc plus lentes à digérer. Je sais que c'est une solution de facilité, surtout en tournoi mais elles regroupent toutes les erreurs à éviter pour le petit déjeuner : trop de gras, trop de sucres et pas de protéines.

En déplacement, ne vous laissez pas piéger !

Vous partez en tournoi et logez à l'hôtel. Si le départ est programmé très tôt le matin, n'oubliez pas que les cuisines seront fermées au moment où vous devrez prendre votre petit-déjeuner ! Vous devez anticiper ceci la veille et prévoir de quoi vous préparer vous-même un vrai petit-déjeuner. Ne pas le faire, c'est négliger le repas qui aura le plus d'impact sur votre journée de golf !

d) DÉPART DANS LA MATINÉE

Le petit déjeuner doit avoir été fini au minimum deux heures avant le début de la partie. Il suivra le modèle proposé. Si le départ est en fin de matinée, à 11 heures par exemple, le petit déjeuner sera pris entre 8 heures et 9 heures N'oubliez pas d'intégrer des protéines : tranche de jambon, œuf, portion de fromage... Si nécessaire, une petite ration d'attente pourra être consommée vers 10 heures : boisson d'attente, banane pas trop mûre, barre hyperprotéinée, mix fruits secs/noix...

Exemple pour un départ à 10 heures

- **À 7 heures (trois heures avant) :** manger un repas complet avec protéines, glucides complexes (pas de miel ni confiture), une petite quantité d'acides gras essentiels.
  Par exemple : œufs brouillés, toasts de pain nordique et avocat, smoothie aux fruits rouges.
  À la place de l'avocat, pour avoir de bons acides gras, vous pouvez tartiner votre toast de beurre de noix, riche en oméga 3.
- **À 9 heures (une heure avant) :** manger un snack pour maintenir votre glycémie et ne pas avoir faim avant le départ.

Par exemple : banane pas trop mûre, noix riches en oméga 3, yaourt végétal.

Exemple de petit déjeuner de compétition

1) **2 œufs** sous la forme de votre choix (au plat, brouillés, en omelette, mais pas crus !) + **20 g de bacon** (sans gras autour)
Ceci fournira environ 21 g de protéines à votre ration. Si vous voulez diminuer la quantité de gras, ne prenez qu'un œuf pour 40 g de bacon.
Évitez les shakers de protéines le matin. La forme liquide entraînera une digestion trop rapide et ce n'est pas l'effet souhaité pour le premier repas de la journée.
Pain : 2 tranches avec du beurre ou du beurre de noix (pas de beurre de cacahuètes). Évitez le miel, la confiture.
Si vous êtes un inconditionnel de la tartine au petit déjeuner, privilégier le pain complet quel qu'il soit, au pain blanc. Sa densité nutritionnelle sera plus élevée et son IG plus bas.

Densité nutritionnelle d'un aliment

Indice mesurant le contenu de cet aliment en micronutriments indispensables à la santé (vitamines et minéraux), par rapport à son contenu énergétique. Les aliments riches en vitamines et minéraux présentent un indice de densité nutritionnelle élevé.
Exemple : le pain complet a une densité nutritionnelle plus élevée que le pain « blanc » et son IG est nettement inférieur (57 *vs* 95). Le risque d'hypoglycémie réactionnelle est donc amoindri, il est à privilégier dans le contrôle du poids, de la glycémie pour les diabétiques, pour l'apport en fibres, en minéraux. Il possède également un meilleur effet satiétogène.

OU

1) **Céréales,** type flocons d'avoine, **avec du lait végétal,** type avoine, riz, amande ou soja. Ajoutez quelques noix.
Oubliez les céréales très sucrées et grasses car le pic insulinique qui suivra sera trop important et difficile à gérer. Essayez de vous orienter vers les produits les moins industrialisés comme les flocons d'avoine par exemple. À bien essayer à l'entraînement car leur richesse en fibres ne convient pas à tout le monde sur le plan digestif.
Si vous faites ce choix, mangez-les froids car chauffer les flocons d'avoine augmente considérablement leur IG.
Ne vous laissez pas non plus piéger par certains mueslis qui se présentent comme des produits sains et naturels mais qui contiennent souvent beaucoup de sucres ajoutés. J'ai l'habitude de me préparer mon propre muesli en mélangeant les ingrédients achetés individuellement dans leur forme brute. C'est très simple, rapide et beaucoup moins sucré !
Peu importe le choix que vous ferez pour vos apports glucidiques, consommer du pain ou des céréales rend absolument indispensable l'apport protéique en quantité suffisante. Pensez également à consommer une petite quantité d'acides gras de qualité qui vous aidera également à stabiliser votre glycémie.
2) **Les laits végétaux** sont, d'un point de vue nutritionnel, riches et intéressants. Ils se substituent parfaitement au lait de vache qui pose parfois des problèmes de tolérance digestive. Si vous redoutez le manque de calcium, des solutions existent : certains laits végétaux sont enrichis. De plus les apports en calcium ne dépendent pas que des produits laitiers, les sources sont diverses et variées (eaux, légumes, etc.). Notons enfin que se soucier du statut en calcium pour préserver sa masse osseuse est un bon début mais qu'il faut également prendre en compte d'autres facteurs tels que son statut en vitamine D,

l'intégrité de la barrière intestinale pour une bonne assimilation...

3) **Un yaourt** ou **un fromage blanc,** avec une nette préférence pour le fromage blanc, plus riche en protéines (6,6 g/100 g *vs* 4 g/100 g). Le produit laitier n'est pas indispensable. Il aidera le golfeur qui n'aime pas petit-déjeuner salé à augmenter ses apports protéiques. Vous pouvez ajouter quelques myrtilles (antioxydantes) et graines de chia (source d'oméga 3).

Les produits à base de soja

Pour les golfeuses, la consommation de lait de soja devra être modérée du fait de la présence de phyto-œstrogènes. Etant capables de se fixer aux récepteurs oestrogéniques, ils ont une influence sur l'équilibre hormonal et thyroïdien.

Aujourd'hui, les études ne permettant pas un positionnement clair sur les effets du soja, nous appliquerons donc le principe de précaution :

- Les apports alimentaires doivent être modérés, si vous êtes végétarienne, variez les sources protéiques.
- Les femmes ayant des antécédents personnels de cancer hormono-dépendant doivent demander l'avis de leur pharmacien ou de leur médecin avant de consommer des compléments alimentaires à base de soja. Les études sont contradictoires quant à leur effet aggravant ou au contraire protecteur.
- Les femmes en période de ménopause devront également demander un avis médical avant la prise de compléments alimentaires à base de soja. Les effets supposés sur les symptômes de la ménopause n'étant pas encore clairement définis.

Dans les 2 cas :

Un fruit : si pas d'intolérance au fructose. À index glycémique de préférence faible ou moyen, tel que : pamplemousse, pomme, poire, banane pas trop mûre, etc.

Un café ou **thé léger**, à condition que vous ayez une bonne gestion du stress et pas de tendance à la tachycardie. En faible quantité, le café peut avoir un impact positif sur la concentration et ne déshydrate pas. Nous en parlerons plus en détail dans la partie consacrée.

Idées pour l'apport glucidique

- Flocons d'avoine + lait de riz ou d'amande + mix amandes/noix (pour l'apport en oméga 3), baies de goji ou cranberry (pour l'apport d'antioxydants)
- Bowl cake : semoule de riz + 1 œuf + lait de riz + noix + 1 banane écrasée +/- baies de goji ou cranberry

À associer systématiquement à un apport protéique !

Je n'ai pas faim le matin, comment faire ?

Certains joueurs n'ont pas du tout faim le matin, ceci n'est pas une fatalité ! La sensation de faim est régulée par des mécanismes sur lesquels on peut influer. Il faut « reconditionner » son organisme à avoir faim sans chercher à manger un gros petit déjeuner du jour au lendemain.

- **Il n'y a pas d'objectif de quantité à atteindre,** construisez votre petit déjeuner progressivement. Apportez quelques éléments (priorité aux protéines), en petite quantité, pour réhabituer votre organisme à recevoir un apport énergétique le matin. Par exemple : un œuf et une petite poignée de muesli.
- **Essayez de vous lever un peu plus tôt** pour laisser plus de temps au « réveil » de cette sensation de faim.

- **Évitez de faire un repas trop riche la veille** et de grignoter dans la soirée, ceci favorisera l'appétit le lendemain matin.

Avec le temps, la sensation de faim apparaîtra et votre organisme réorganisera naturellement ses apports. C'est un cercle vertueux et lorsque vous commencerez à manger dès le matin, vous aurez moins tendance à trop manger le soir.

e) DÉPART EN DÉBUT D'APRÈS-MIDI

Prenez un petit déjeuner plus léger. Préservez cependant toujours les protéines (1 à 2 tranches de jambon ou portion de fromage, par exemple) car il faudra en manger modérément le midi.

Entre 11 heures et 11 h 30, prenez votre déjeuner.

Recommandations pour le déjeuner

- Des **protéines** facilement digestibles : jambon, filet de cabillaud... Consommez-les en quantité raisonnée et faites attention au mode de cuisson de la viande : privilégiez les grillades et rôtis. Pour les poissons : pochés dans un bouillon, en papillote, avec un filet d'huile d'olive. Préférez les viandes et poissons maigres.
  Les poissons gras, type sardines ou maquereaux seront plutôt consommés au repas du soir. Bien qu'indispensables à un bon équilibre alimentaire, leurs matières grasses ralentissent la vidange gastrique. De plus, les oméga 3 seront mieux utilisés en fin de journée : effet sur la concentration, le sommeil, la contraction musculaire, la prévention des maladies cardio-vasculaires, le bon fonctionnement du système immunitaire... Tout ceci sera détaillé dans le chapitre II.
  Il va sans dire que vous pouvez malgré tout manger deux sardines en entrée si cela vous est proposé dans le buffet.
- Des **glucides**, complexes majoritairement : ils permettront d'économiser vos réserves en glycogène durant toute la

partie (riz, lentilles, etc.) en plat principal. L'association céréales et légumineuses présente un intérêt dans la synthèse protéique en palliant l'absence d'acides aminés limitants.

- En fin de repas, optez pour une banane, un yaourt végétal... Si vous avez tendance au ballonnement, évitez les fruits en dessert. Les consommer à distance des repas principaux (environ deux heures).
- Mangez peu de **fibres** mais ne les occultez pas. Consommez autant que possible les légumes dans leur naturalité : cuisson à l'eau, au four...

  Les crudités peuvent être consommées modérément si elles sont bien tolérées. Elles ont l'avantage d'être sources de vitamines et minéraux, surtout si les légumes n'ont pas été conservés trop longtemps et qu'ils sont issus de filières courtes et raisonnées (pas d'agriculture intensive responsable de l'appauvrissement des sols et de l'affaiblissement de la densité nutritionnelle des aliments).

  Concernant la tolérance digestive, les fibres vont avoir un effet positif sur le développement de la flore intestinale et sur la régulation du transit. Sur un intestin sensible, il existe un risque de ballonnement et d'accélération du transit qui peut être problématique pendant une partie.
- **Évitez** la friture, les sauces, la charcuterie, qui entraînent un ralentissement de la digestion, une augmentation du risque de sensation de lourdeur et de somnolence. De plus les substrats énergétiques arriveront à retardement.
- **Évitez** autant que possible les produits industrialisés afin de ne pas ingérer de substances non désirées : additifs, sucres, sel, exhausteurs de goût, etc.
- **Pour le plaisir**, pensez à agrémenter vos plats avec :
  - un peu de fromage râpé ou de parmesan : bien que ce dernier soit un des aliments les plus acidifiants*, il peut être consommé s'il est dosé avec parcimonie ;

* Voir partie II, « L'équilibre acido-basique », p. 138.

- épices, aromates : persil, basilic, ciboulette... certains sont très riches en antioxydants, comme le curcuma (dont on reparlera dans la partie II) ;
- filet d'huile, vinaigre, citron, ail (uniquement s'il est bien digéré).

Ces éléments apportent beaucoup de saveur et n'impactent pas négativement la digestion.

Prévoir une ration d'attente en cas de besoin.

Exemple de ration pour le déjeuner

- **Des protéines :** œufs, viandes maigres type viande de bœuf à 5 % de MG, viandes blanches (poulet, dinde, veau, etc.), filet mignon de porc, bacon (celui sans gras apparent autour), tranches de jambon ou de rôti de porc, cabillaud, sole, perche, raie, lotte, etc.
- **Des légumes.**
- **Des glucides :** riz, pommes de terre, lentilles, quinoa, etc.
- **Une ou deux tranches de pain** si vous ne pouvez pas vous en passer, à condition qu'il soit complet.
- **Un yaourt ou fromage blanc** avec un coulis de fruits rouges peu sucré.
- **De l'eau,** pas d'alcool (vin, bière, etc.).
- **Éventuellement un café ou thé léger,** si vous le tolérez bien et n'êtes pas sujet à la tachycardie.

Exemples de plat principal

- Viande hachée + haricots verts et spaghetti de blé entier avec sauce tomate aux aromates.
- Tartines de pain nordique avec purée d'avocats et filets de poulet + soupe.
- Omelette avec pommes de terre rôties + salade de crudités.

Dans le cas d'une partie dans l'après-midi, le déjeuner n'aura aucun effet sur les réserves énergétiques car elles auront été constituées la veille. Le rôle principal de ce repas est d'être léger, digeste et d'apporter tous les nutriments en quantité modérée pour soutenir les réserves et ne pas nuire à la performance.

Aussi, peu importe l'heure du départ, ne négligez jamais l'hydratation avant la partie.

4. La ration d'attente

La ration d'attente fait partie intégrante de l'approche nutritionnelle du sportif avant l'effort. Pour ceux qui en auront besoin, elle potentialisera les choix nutritionnels faits en amont (repas précompétitif et repas de la veille) et préparera à une bonne condition physique et mentale au départ.

La ration d'attente sera commencée **une heure avant le début de la partie** et aura pour objectif de :

- maintenir les réserves de glycogène, la glycémie entre le repas précompétitif et le début de la partie, prévenir l'hypoglycémie ;
- maintenir un bon niveau d'hydratation quand il s'agit d'une boisson d'attente ;
- renforcer au niveau psychologique : le golfeur se sent « rechargé », plein d'énergie sans avoir l'estomac plein.

La ration d'attente est-elle indispensable au golfeur ?

Si le plan nutritionnel a été respecté et que le joueur n'est pas trop stressé, il pourra se contenter d'eau seule et elle ne sera donc pas indispensable.

Si la partie a pris beaucoup de retard ou que le joueur est soumis à un fort stress précompétitif (sécrétion d'adrénaline augmentée qui puise dans les réserves glucidiques), la ration d'attente est justifiée.

Sa nécessité repose avant tout sur l'expérience individuelle. Elle doit être testée pour déterminer si elle vous apporte un bénéfice et vous permet de commencer la partie empli d'énergie et de confiance. De même, il conviendra à chaque joueur de définir quel type de ration d'attente lui convient le mieux.

Composition de la ration d'attente

Si l'on fait le choix d'une boisson, celle-ci doit être faiblement sucrée. En effet, vouloir augmenter de façon trop importante la glycémie avant l'effort conduira à une hypoglycémie réactionnelle et donc une baisse d'énergie importante dans la première moitié de la partie.

On utilisera préférentiellement le fructose (IG = 20) qui provoquera une faible sécrétion d'insuline et diminuera le risque d'hypoglycémie.

Vous pouvez la préparer vous-même en mélangeant :

1 litre d'eau + 25 g de fructose + 1 pincée de sel.

Buvez environ 250 ml de ce mélange frais dans l'heure précédent le début de la partie, progressivement, par petites gorgées.

Le fructose est parfois mal toléré au niveau digestif. Chez certains sportifs, il peut provoquer une accélération du transit, des ballonnements (dus à une fermentation intestinale), voire des nausées. C'est pourquoi son utilisation devra être bien testée à l'entraînement.

Si la boisson d'attente ne vous convient pas, vous pouvez très bien consommer, en plus d'eau pure, un en-cas solide facilement digestible :

- banane + mix de noix ;
- mini-bagel de blé entier et fromage à tartiner léger ;
- mini-sandwich pain complet/poulet.

5. Nutrition pendant la partie

L'objectif de la nutrition pendant la partie est de conserver une glycémie optimale (ce qui ne signifie pas élevée) et un bon niveau d'hydratation pour maintenir ses capacités physiques, mentales et ne jamais ressentir le coup de fatigue qui finira forcément par apparaître durant le parcours, sans stratégie nutritionnelle.

Il existe différentes façons d'appréhender la nutrition au cours de la partie. Le plus pratique étant à mon sens de la séparer en 3 phases : 6/6/6.

a) PRINCIPES GÉNÉRAUX

- La nutrition en période d'entraînement et de compétition est similaire. Ce n'est qu'en vous entraînant que vous saurez ce qui est le mieux pour vous. Des ajustements seront faits en fonction de l'heure du tournoi, de sa durée, du niveau de stress, etc.
- Un bon en-cas doit être pratique à manger et facilement transportable.
- Vous pouvez commencer à manger dès le 1er trou ou à partir du 6e trou. Il est toutefois préférable de commencer au premier si votre dernier repas a été terminé trois heures avant le début de la partie, et ce, malgré la ration d'attente.
- Évitez les sandwichs trop gras, type saucisson/beurre, trop longs à digérer.
- Si vous faites le choix de barres énergétiques pratiques à manger, vous pouvez en consommer une demi-barre tous les deux à trois trous.

- Ne laissez surtout pas s'installer le coup de fatigue : il faut le prévenir car il vous faudrait le temps de plusieurs trous pour retrouver votre niveau d'énergie.
- Pendant la première moitié de la partie, si vous n'avez vraiment pas envie de manger vous pouvez suppléer certains snacks solides par des sources énergétiques liquides, type boisson de l'effort.
- Les en-cas seront choisis et associés en fonction de leurs apports énergétiques et selon l'avancement dans le parcours : IG des glucides plus ou moins élevés, protéines, acides gras, etc.

Exemples d'en-cas solides

- Barre énergétique, faites le choix, si possible, de :
  - céréales le moins transformées, broyées, écrasées (privilégiez celles contenant des grains de céréales entiers ou presque) ;
  - barres avec le moins d'ingrédients possible ;
  - produits biologiques ;
  - barres sans gluten ni produits laitiers en cas d'intolérances alimentaires ;
  - barres contenant systématiquement des protéines en plus des glucides ;
  - évitez les barres aux protéines de soja (produits ultra-transformés) ;
  - évitez les barres contenant des huiles végétales hydrogénées (acides gras trans).
- Mix de fruits secs dans un sachet.
- Fruits : pomme, banane (bons glucides et richesse en potassium que l'on perd par la transpiration, attention à la conservation en cas de chaleur).
- Mini-sandwich au pain complet : au fromage frais, au beurre de noix, houmous...
- Pâtes de fruits, d'amande, uniquement en fin de parcours (trois derniers trous).

- Délaissez les barres chocolatées trop sucrées pour éviter l'hypoglycémie réactionnelle sauf si c'est en fin de parcours (trois derniers trous).

b) STRATÉGIE NUTRITIONNELLE

L'apport de **30 à 35 g de glucides par heure** serait suffisant pour maintenir son niveau d'énergie durant la partie. Il peut être intéressant d'associer différents sucres afin d'augmenter le niveau d'oxydation et indirectement la performance. Il est recommandé de consommer le fructose en moindre proportion.

Les protéines peuvent être consommées avant et pendant la partie, en quantité modérée toutefois.

Du 1er au 6e trou

Si vous décidez de manger dès les six premiers trous, le but va être de maintenir votre niveau d'énergie. Pour cela il faut manger des glucides à IG bas, type pomme ou poire, associées à une petite poignée de noix. Les fibres du fruit et les acides gras des noix vont favoriser une digestion lente et un apport de sucres qui ne déstabilisera pas la glycémie. Un toast de pain complet aux graines peut également convenir.

Vous pouvez également consommer un snack protéiné durant le premier tiers de la partie.

Si vous préférez ne commencer qu'au 6e trou les en-cas solides, vous pouvez consommer une boisson énergétique peu sucrée à partir du 4e trou que vous alternerez avec de l'eau pure à chaque trou. Quand vous aurez commencé les snacks solides, les boissons énergétiques pourront être remplacées par de l'eau pure.

Du 6e au 12e trou

Le but est toujours de maintenir le niveau d'énergie en apportant des sucres, des protéines et éventuellement du

« bon » gras. Une boisson de l'effort peut être intégrée au 6e trou si cela n'a pas été encore fait et si vous n'arrivez toujours pas à manger. Dans ce cas, alternez boisson de l'effort et eau pure un trou sur deux.

Pour vos snacks solides, vous pouvez consommer au choix :

- une demie-barre hyperprotéinée pas trop sucrée tous les deux à trois trous ;
- un petit sandwich pain complet et beurre de noix ;
- un petit sandwich pain complet aux graines et blanc de poulet.

Du 12e au 18e trou

Le but est d'apporter des sucres pour augmenter le niveau d'énergie et finir le parcours sans fatigue et avec un haut niveau de concentration. On peut utiliser des sucres à index glycémique plus élevé comme des fruits secs et une boisson de l'effort pas trop sucrée. Vous pouvez continuer à consommer des protéines en quantité modérée.

Si vous faites le choix de consommer de la caféine dans votre boisson de l'effort pour stimuler votre système nerveux central, la vigilance et la concentration, c'est à ce moment-là qu'il faudra la consommer[23-24]. Ceci n'est absolument pas une recommandation pour tous les golfeurs car la caféine peut parfois être très mal tolérée par certains joueurs.

Dois-je obligatoirement manger tous les trois ou quatre trous ?

Pour maintenir stable le niveau de sucre dans le sang il semblerait préférable de consommer plusieurs petits repas (snacks) tout au long de la partie comparativement à un seul gros repas juste avant cet effort de longue durée. En théorie, consommer quatre snacks bien répartis pendant la partie permettrait de mieux gérer votre glycémie et donc vos capacités physiques et cognitives.

Évidemment, parvenir à manger trois ou quatre fois durant une partie ne sera pas acquis du jour au lendemain quand on n'en a pas l'habitude et... ce ne sera pas forcément nécessaire ! Comme je vous l'indiquais plus tôt, il n'y a pas de règle universelle et là où certains joueurs auront besoin de manger tous les trois ou quatre trous pour maintenir leur niveau de performance optimal, d'autres trouveront leur équilibre en mangeant deux fois seulement durant la partie.

Je vous conseille toutefois d'essayer en **augmentant progressivement vos apports** lors des parties d'entraînements. Ne cherchez pas à changer d'un coup vos habitudes en passant de zéro snack à quatre. Vous devez trouver la solution qui vous convient et ne pas vous baser sur ce que font les joueurs autour de vous.

On peut envisager une progression **en trois étapes**, vous choisirez finalement celle qui vous convient le mieux et qui vous procure le meilleur niveau d'énergie. Pour le choix des snacks, commencez toujours par privilégier ce qui vous semble le plus simple.

Étape 1	**Étape 2**	**Étape 3**
6 : barre protéinée pas trop sucrée + poignée de noix **12 :** poignée de noix + fruit	**6** : mini-sandwich pain complet aux graines et blanc de poulet **11** : poignée de noix + fruit **16** : barre protéinée pas trop sucrée + mix noix/fruits secs	**3** : mini-sandwich pain complet aux graines et blanc de poulet **7** : poignée de noix + fruit **11** : une barre protéinée pas trop sucrée + mix noix/fruits secs **15** : mix noix/fruits secs et/ou fruit

Que mangent les pros sur le PGA tour ?

Parce que je suis de nature curieuse, j'ai parcouru quelques interviews de mes joueurs favoris pour découvrir leurs petites habitudes alimentaires sur le tour. Voici un exemple de snack consommé par Rickie Fowler pendant la partie : sandwich au pain complet, beurre de cacahuètes et confiture. Si on l'analyse, ce snack est composé de sucres complexes, de sucres simples, de protéines, et d'acides gras de manière assez équilibrée.
Si ce genre de snack vous fait envie, je vous recommande de remplacer le beurre de cacahuète par un beurre de noix, plus riche en oméga 3. Simple et facile à faire (ou à acheter), on améliore largement la qualité des acides gras de la ration.

6. Nutrition après la partie

Après une partie, que l'on soit heureux ou non de son score, on se relâche, on se détend au club house et on néglige souvent la phase de récupération. Elle est pourtant loin d'être optionnelle, aussi bien en compétition qu'à l'entraînement s'il est intensif. Des apports alimentaires et hydriques inadaptés au terme de la partie risquent de compromettre la récupération musculaire et favoriser la déshydratation.

Une mauvaise récupération sur des périodes prolongées peut faire ressentir au joueur tous les effets d'un surentraînement. Voici quelques symptômes évocateurs :

- de la fatigue ;
- une perte d'intérêt pour votre jeu ;

- un manque d'envie pour vos séances de préparation physique ou votre entraînement de golf ;
- un « faux besoin » de consommer de la caféine ou des boissons énergisantes pour pouvoir jouer ;
- une irritabilité, une nervosité ;
- une modification de l'appétit ;
- une faiblesse immunitaire : vous tombez malade régulièrement ;
- un besoin accru de sommeil...

Si vous enchaînez les tournois tout au long de l'année, il faudra veiller à ne jamais arriver à ce stade de surentraînement car la récupération serait longue et compromettrait nettement vos chances de réussite.

Pourquoi se soucier de ce que l'on mange après la partie ?

L'effort induit diverses modifications : les réserves de glycogène diminuent, les fibres musculaires se dégradent, les hormones fluctuent... La période de récupération est une phase de surcompensation qui permet de venir compenser les pertes énergétiques liées à la partie au-delà du niveau initial. En respectant une bonne chronologie et en faisant des choix nutritionnels optimisés, la récupération permet à la fois de :

- **recharger ses réserves en glycogène** : cela conditionnera, avec un sommeil de qualité, votre état de forme pour la partie du lendemain ;
- **faire des progrès réguliers et à long terme** sur les plans de la force musculaire et mentale et de la prise de masse maigre : en effet, c'est pendant ces phases de récupération que l'organisme s'adapte et développe les différents facteurs de l'efficacité musculaire contribuant à l'amélioration des performances ; on le sait, la composition corporelle s'améliore avec l'entraînement[25].

Organiser sa récupération, importance du timing

Pour une récupération efficace, il est important d'avoir en tête la notion de « fenêtre métabolique ». Il a été montré que, grâce à la meilleure sensibilité du muscle à l'insuline après l'effort :

- la recharge des stocks de glycogène est d'autant plus efficace que l'apport en sucres est proche dans le temps de la fin de l'exercice ; l'efficacité de la recharge diminue significativement quand les glucides sont consommés plus de deux heures après la fin de l'effort ;
- la synthèse protéique est jusqu'à trois fois plus importante si la ration de récupération (protéines + glucides) est prise dès la fin de l'effort contre trois heures après la fin de l'effort.

Passé cette fenêtre, la capacité de l'organisme à se régénérer diminue, il n'y a donc aucune raison d'attendre ! Ne retenez qu'une simple règle : **consommez votre ration de récupération entre la fin immédiate de la partie et jusqu'à une heure après.**

La prise en charge nutritionnelle d'après partie doit donc prendre en compte la composition **qualitative et quantitative** de la ration ainsi que le **facteur temps**. Pour que ce soit le plus pratique pour vous, nous allons la détailler dans l'ordre chronologique de prise. On distinguera deux périodes de récupération et par conséquent deux types de ration de récupération : la ration immédiate et le repas du soir (quand la partie se termine dans l'après-midi).

a) PRINCIPES GÉNÉRAUX

Après un exercice prolongé d'intensité modérée, le stock de glycogène a diminué, il y a eu une dégradation protéique ainsi que des pertes minérales. Il est donc recommandé de consommer un mélange de glucides, de protéines et d'électrolytes, immédiatement après l'effort pour accélérer les processus de récupération[26]. Gardez à l'esprit que ce que vous allez manger et boire dans les six heures qui suivent la fin de la partie servira à reconstituer vos réserves et conditionnera votre forme pour le lendemain.

Alors, quels sont les besoins de l'organisme au terme d'une partie de golf ? Détaillons ensemble les fonctions des principaux nutriments nécessaires en récupération avant d'aborder leur répartition dans le temps. L'approche micro-nutritionnelle viendra compléter ce tableau dans la partie II.

La réhydratation

La réhydratation, et l'apport en minéraux, est la grande priorité, surtout lorsqu'il fait chaud et que les pertes sudorales sont importantes. Elle permet donc de compenser les pertes dues à l'effort : thermorégulation, transpiration, respiration, métabolisme énergétique, etc.

Faites le choix d'une eau fortement minéralisée et riche en bicarbonates : les électrolytes sont indispensables à une réhydratation efficace. Elle permettra également d'alcaliniser l'organisme et d'aider à l'élimination des déchets acides.

Boire au minimum l'équivalent des pertes que vous n'avez pas pu remplacer durant la partie. Il est intéressant quand vous le pouvez de vérifier par la pesée si votre stratégie d'hydratation a été efficace.

Les glucides

Le but est de restaurer les réserves de glycogène, qu'il y ait une épreuve ou non le lendemain. Il se fera en deux temps :

- **Un re-sucrage immédiat** avec des sucres simples et des sucres complexes éventuellement.
  À ce moment-là, les glucides à IG élevés peuvent être consommés car la production d'insuline qu'ils vont provoquer sera favorable à l'entrée rapide des sucres et des acides aminés dans les cellules musculaires. Comme nous l'avons compris plus tôt, le timing a toute son importance ! La forme, solide ou liquide, n'influe pas sur le niveau de resynthèse du glycogène. Cet apport peut prendre la forme d'une boisson de récupération glucidique mais également d'un fruit, d'une barre céréalière...
- **Une remise en réserve à distance**, au moment du repas post-compétitif, avec des sucres complexes principalement, à IG bas ou moyen. Ils doivent être très digestes en cas de partie le lendemain. Consommés au repas du soir, ils aident à mieux gérer la tension nerveuse et favorisent le sommeil. Il faut savoir que la mise en réserve du glycogène est meilleure chez le sujet entraîné. Il est donc intéressant de veiller à une bonne récupération, même à l'entraînement, pour développer et mettre en jeu des systèmes de récupération efficaces en tournoi.
  Aussi, les glucides doivent systématiquement être associés aux protéines en récupération car ils agissent de manière synergique : **les protéines optimisent la mise en réserve de glycogène**.

Le golf n'est pas un sport qui exige d'importants apports glucidiques en récupération alors si vous êtes golfeur amateur et que vous avez du mal à réguler votre poids, ne vous « lâchez » pas trop sous prétexte d'avoir fini votre activité physique du jour. Contrôlez donc vos apports en privilégiant des glucides de qualité : vous profiterez du bénéfice de votre activité physique sans risquer la mise en réserve de gras par excès d'apports sucrés en fin de partie.

Les protéines

À condition de bien savoir les doser et les choisir, elles sont fondamentales en récupération.

- Elles **améliorent le stockage des glucides** : l'association de protéines aux sucres stimule plus efficacement la resynthèse du glycogène que les sucres simples seuls, du fait d'une meilleure réponse insulinique[27].
- Elles permettent **d'accélérer la réparation** des fibres musculaires lésées durant l'exercice et de préserver sa masse musculaire.

Elles peuvent être apportées sous forme semi-solide, type fromage blanc de brebis, ou liquide type shakers de protéines, orientez-vous dans ce cas vers des protéines d'assimilation rapide, type whey*. L'avantage du shaker de protéines en récupération est que la forme liquide favorise une digestion et une assimilation rapide. N'oubliez pas que **la récupération est une course contre la montre !**

Pour la ration de récupération immédiate et le repas du soir, pensez à varier les sources protéiques, à associer des protéines d'assimilation rapide et intermédiaire, animales et végétales.

Consommez des protéines de qualité pour favoriser une récupération musculaire efficace. Les protéines animales, riches en acides aminés essentiels (dont les acides aminés ramifiés), participeront au renouvellement et à la croissance des cellules contractiles.

* Voir partie II, « Les compléments alimentaires », p. 208.

L'apport en récupération doit correspondre à environ un quart des besoins quotidiens[4]. Par exemple, pour un sujet de 80 kg dont les besoins sont de 1,2 g/kg/j, il faudrait 96 g de protéines par jour, soit 24 g de protéines en récupération. Consommer 20 à 25 g de protéines après l'effort est largement suffisant. Au-delà se poseront des problèmes de digestibilité et d'assimilation. De plus, un apport excessif le soir de l'épreuve peut perturber le sommeil.

Les fruits et légumes

Ils contribuent à rétablir un statut vitaminique et minéral correct. Ils sont également sources d'antioxydants et participent ainsi à la lutte anti-radicalaire. Ils apportent des fibres, un peu mises de côté avant la compétition mais qui sont pourtant indispensables à une flore intestinale équilibrée et à un transit intestinal régulier. Ils occupent de la place dans l'estomac, pensez donc à préserver de la place pour les glucides et les protéines.

Les acides gras

On privilégiera les sources d'acides gras essentiels (non synthétisables par l'homme), de qualité. Leurs rôles dans les structures membranaires, la cicatrisation ainsi que l'inflammation seront explicités dans la partie II.

b) LA RATION DE RÉCUPÉRATION IMMÉDIATE

Son rôle est d'assurer un apport précoce en eau, glucides et protéines. Pour la ration de récupération vous aurez moins à vous soucier de l'IG des glucides que vous consommez, car un IG moyen à élevé favorise la mise en réserve. Ce n'est évidemment pas une incitation à la consommation de produits très sucrés ultra-transformés. Il existe d'excellentes sources naturelles de glucides à IG élevé comme les fruits secs par exemple (raisins secs, dattes, etc.).

La ration sera plus ou moins riche en fonction de l'heure de fin du parcours et donc du temps qui la sépare du repas du soir. Elle sera consommée dans tous les cas dans la demi-heure qui suit la fin du parcours.

Exemples de ration de récupération « immédiate »

- 1 shaker de protéine en poudre type whey + une boisson glucidique isotonique. Il peut s'agir d'une boisson de récupération.
- 2 tranches de jambon + une boisson « maison » : 2/3 d'une eau bicarbonatée + 1/3 de jus de fruit frais de préférence (raisin, orange).
- Fromage blanc + corn-flakes + compote ou des fruits secs + boisson « maison ».
- Petit sandwich au jambon découenné ou à la dinde avec du pain de blé entier + un petit verre de jus de fruit frais + eau.
- Barre énergétique + une orange + eau.
- Un cake salé OU du pain grillé avec 2 tranches de jambon + fruits secs + eau.

N.B. *– Si vous n'avez que du pain blanc en récupération, cela convient. Le pain complet est surtout intéressant avant l'effort pour maintenir la glycémie stable.*

c) LE REPAS DU SOIR

Le repas de récupération se rapproche du repas d'avant partie. L'organisme étant en travail de récupération, il devra rester digeste (raisonnable en matières grasses) et quantitativement modéré pour ne pas ajouter une trop lourde tâche digestive.

Il va poursuivre la recharge énergétique initiée par la ration immédiate, la cicatrisation musculaire, la lutte anti-radicalaire ainsi que la réhydratation.

En pratique

Si besoin, une entrée

- Des crudités.
- Par temps frais et pluvieux, vous pouvez commencer par une soupe de légumes avec des lentilles, des pois cassés : apport de vitamines, minéraux, glucides complexes et un peu de protéines. Vous pouvez également opter pour une soupe miso avec du tofu et des champignons noirs. Pauvre en glucides, elle apportera néanmoins des protéines, des minéraux...
- Évitez les bouillons industriels de viande ou de volaille trop riches en matières grasses de mauvaise qualité et qui ne favoriseront pas une bonne digestion.

Un apport protéique au plat principal

- **Les viandes**
  - Privilégiez toujours les viandes maigres : volailles, veau...
  - Pour la viande rouge, privilégiez des morceaux peu gras : filet, faux-filet...
  - Le jambon blanc, bien que riche en nitrites, est une option envisageable car simple et rapide. Toutefois, au repas du soir, mieux vaut se faire plaisir avec des protéines moins transformées. Le jambon vous sera très utile au petit déjeuner. Pour limiter votre consommation de produits transformés et éviter au maximum le risque de lassitude, variez et évitez de manger du jambon deux fois par jour.
- **Les poissons et fruits de mer**
  - Privilégiez les poissons gras, type saumon, maquereaux, sardines riches en oméga 3 dont le rôle protecteur est très important chez le sportif et le non sportif*.
  - Les fruits de mer (crevettes, homard, crabe, palourdes, etc.) sont aussi très intéressants pour leur apport en iode. Les personnes vivant dans les terres et qui ne consomment

* Voir partie II, « Les oméga 3 », p. 135.

qu'occasionnellement des produits de la mer sont en majorité déficitaires en iode. La glande thyroïde ayant besoin d'iode pour fonctionner, lorsque les apports sont insuffisants, cette dernière peut fonctionner au ralenti. Il s'agit d'un état non pathologique que l'on appelle « hypothyroïdie fonctionnelle » ou « hypothyroïdie frustre ». Ceci peut se manifester par une fatigabilité, une frilosité, des ongles et cheveux cassants, etc.
  - Les fruits de mer et crustacés seront à réserver pour le dernier soir du tournoi afin de ne pas risquer d'infection bactérienne en cas de fraîcheur douteuse.
- Privilégiez les œufs issus de filières responsables, type Bleu-Blanc-Cœur (présence d'oméga 3 dans le jaune d'œuf).

Rappel : Besoins en protéines

Un sportif devrait consommer **au minimum** 1,2 g/kg/jour de protides.

- Chez un sujet de **70 kg**, cela représente **84 g** d'apport protéique par jour.
- Chez un sujet de **85 kg**, cela représente **102 g** d'apport protéique par jour.

À titre indicatif, un steak haché de 100 g ou une escalope de poulet du même poids contiennent environ 20 g de protéines soit un quart des apports nécessaires en protéines pour une personne de 70 kg.

Il est vraiment nécessaire d'adapter les quantités à chacun et d'optimiser la répartition sur la journée. Il est chronobiologiquement bien plus pertinent d'apporter les protéines le matin ou le midi et d'en apporter plus modestement le soir, même si la compétition exige d'autres ressources qui vont déjà bien remplir la ration.

C'est pourquoi on peut contourner cette difficulté en étant très vigilant à ses apports protéiques en péri-compétition et les introduire avec les rations glucidiques sous forme de barres hyperprotéinées pendant la partie.

Un apport glucidique au plat principal

- Sous forme de féculents : pommes de terre (évitez les frites), pâtes, riz blanc, semoule, etc. et/ou de légumineuses : lentilles, pois chiches, fèves, etc.

Les légumes et les fruits

- En plus de l'entrée de crudités, des légumes cuits pour une meilleure digestibilité. Si vous êtes sujets aux ballonnements, consommez votre fruit à distance du repas (environ deux heures après).
- Privilégiez les fruits et légumes de saison, et biologiques de préférence, pour leur densité nutritionnelle et pour le respect de l'environnement.
- Mangez coloré. Les pigments colorés des fruits et légumes sont souvent des molécules antioxydantes qui seront utiles pour lutter contre le stress oxydant généré pendant la partie : bêta-carotène, lycopène, lutéine, etc.

En supplément, si désiré

- Du pain, de votre choix mais pas blanc, et à consommer avec parcimonie.
- Enfin, vous pouvez vous octroyer... un verre de vin ! (À éviter en tournoi chez le golfeur de haut niveau.) Rouge de préférence, pour la richesse en polyphénols antioxydants et à l'unique condition de bien vous hydrater en parallèle.

Exemples de repas de récupération

- **Soupe miso ou crudités + steak grillé OU filet de poisson + pâtes ou riz complet + smoothie aux fruits.**
- **Salade composée + omelette + ratatouille + pommes de terre vapeur + fruit frais.**

- Crudités + pâtes sauce bolognaise + légumes + yaourt de brebis au sirop d'érable.
- Hamburger avec pain complet et viande maigre + légumes (pas de frites) + fruit frais.

d) LE 19e TROU, ERREURS À ÉVITER

Il est tentant, au terme d'une compétition, de céder au champagne et aux petits fours durant la remise des prix. Une planche de charcuterie accompagnée de bière ou de vin sera tout aussi tentante à l'issue d'une partie entre amis. Il faut pourtant garder à l'esprit que consommer de l'alcool avant même d'avoir pris une collation de récupération énergétique et de quoi se réhydrater correctement peut retarder la récupération et la réparation tissulaire[28].

Il conviendra également d'éviter, en phase de récupération :

- **les sodas,** acides et riches en calories « vides » ;
- **les boissons énergisantes** (pour ceux qui veulent faire la fête après la partie) ;
- **le fructose seul** ainsi que les **maltodextrines** qui n'offrent pas d'avantage particulier en phase de récupération, contrairement à certaines croyances ;
- **les gâteaux industriels** et biscuits apéritifs, trop sucrés et trop gras.

Malgré toutes ces recommandations, il est important de se faire plaisir, surtout si vous êtes golfeur amateur. Le club house reste un lieu de partage, de convivialité où vous pouvez vous autoriser quelques écarts, surtout si vous avez suivi assidûment votre stratégie nutritionnelle durant la journée.

V. FOCUS SUR L'ALCOOL

Il existe actuellement peu d'études disponibles sur les effets de la consommation d'alcool chez le sportif. On sait toutefois que l'alcool perturbe tous les principaux systèmes de l'organisme, ce qui peut être un frein réel à la progression du golfeur. Sa consommation est préjudiciable avant, pendant et après la partie.

1. Impacts d'une consommation avant la partie

L'alcool altère la fonction métabolique

- Même à petites doses, l'alcool favorise l'épuisement des réserves de glucose, ce qui réduit les capacités d'endurance à l'effort.
- Il perturbe les centres de thermorégulation. Dans un environnement froid, l'alcool diminue fortement la température centrale du sujet. Il ne permet pas de lutter efficacement contre le froid, ni contre la chaleur.
- Il accroît la vasodilatation périphérique ce qui augmente la sudation et donc les pertes minérales. Cette vasodilatation diminue également l'apport de sang aux muscles ce qui ne favorise pas la réalisation d'une performance.
- Il augmente le taux d'acide lactique à l'effort.
- Il augmente le risque de blessure musculaire.

L'alcool déshydrate

- L'alcool est diurétique par inhibition de la libération de vasopressine, une hormone synthétisée par l'hypothalamus pour freiner la production d'urines[29].

- L'effet diurétique dépend directement de la concentration en alcool de la boisson ingérée.

Une étude montre que cet effet sur la déshydratation post-exercice est négligeable si l'alcool consommé est très dilué (< 4 %)[30]. À l'inverse, plus la concentration est importante, plus l'alcool ingéré favorise la diurèse et donc un état de déshydratation ainsi qu'une fuite minérale.

Exemple pour un verre d'alcool de 25 ml à 40 % (Petit verre de whisky par exemple)

Ceci correspond à un apport de 15 ml d'eau + 10 ml d'éthanol pur.
Ce verre entraînera la production de 100 ml d'urines soit un déficit net d'eau de 85 ml !

L'alcool après la partie ne favorise donc pas une réhydratation efficace.

L'alcool diminue les capacités psychomotrices

- En augmentant le temps de réaction.
- En modifiant l'équilibre et la maîtrise de son environnement.
- En diminuant la précision de certains gestes et la coordination œil-main.
- En diminuant la force[31] et la puissance[32] : il diminue la rentabilité du geste et le potentiel de performance jusqu'à 11 %.

Élimination

Le foie ne dégrade que 5 à 25 % de l'alcool ingéré.
La fraction non dégradée diffuse en particulier dans les muscles et dans le cerveau, d'où les troubles cognitifs et moteurs ressentis : rétrécissement du champ visuel, diminution des réflexes, perte de coordination...
L'alcoolémie diminue au rythme de 0,10 à 0,15 g/l par heure.
Les femmes ayant une masse musculaire moins importante que les hommes et des enzymes de détoxication hépatique un peu moins efficaces, sont plus sensibles à la consommation d'alcool.

2. Impacts d'une consommation après la partie

Les golfeurs consomment préférentiellement l'alcool après la partie. Or la phase de récupération est tout aussi importante que la prise en charge précompétitive. Il est donc important de comprendre l'impact de cette consommation sur les différents aspects de la récupération.

L'alcool ralentirait la resynthèse du glycogène

À ce jour, cet effet n'a pas été vraiment démontré. Des travaux expérimentaux vont toutefois dans ce sens au niveau du foie et des fibres musculaires.

L'alcool ralentit la régénération musculaire.

Après l'effort, l'alcool ralentit la récupération des microlésions musculaires et des qualités de force liées à l'exercice[33]. En effet, l'alcool inhibe certaines hormones participant à la réparation, comme la testostérone et l'hormone de croissance[34]. Par ailleurs, en cas de blessure tissulaire légère, la vasodilatation provoquée par l'alcool favorise le gonflement[35].

L'alcool perturbe le sommeil

Une consommation importante d'alcool le soir de la partie peut avoir des répercussions sur le sommeil.

- Si l'alcool est consommé trente à soixante minutes avant l'heure du coucher, il diminue la durée d'endormissement, ce qui nous laisse penser que l'alcool améliore le sommeil. Cependant, la qualité de sommeil est altérée : il est fragmenté, la durée des phases de sommeil profond au cours desquelles s'opère un réel effet récupérateur est réduite. Cet effet dure jusqu'à métabolisation complète de l'alcool, soit toute la nuit.
- Il diminue parfois la durée du sommeil avec un réveil matinal précoce et une incapacité à se rendormir.
- L'alcool impacte également indirectement la qualité du sommeil en engendrant : une élévation de la fréquence cardiaque, de la fréquence respiratoire, des désordres intestinaux et des maux de tête. Un sommeil de mauvaise qualité altérera les capacités de récupération et nuira à l'entraînement du lendemain.

L'alcool favorise la prise de poids

L'oxydation par l'organisme d'un gramme d'alcool fournit environ 7,1 calories. À titre de comparaison, les glucides et les protéines fournissent 4 calories par gramme.

L'alcool a également un effet indirect sur le métabolisme des graisses en réduisant leur oxydation, en favorisant l'augmentation de la taille des adipocytes et la concentration de triglycérides dans le sang. En résumé, au fil du temps, la consommation d'alcool augmente la masse grasse notamment au niveau abdominal.

En outre, dans un contexte social, la consommation d'alcool est souvent conjointe à une prise d'aliments gras et/ou sucrés.

3. Vérités et idées reçues autour de l'alcool

Parce qu'il existe de nombreux mythes entourant la consommation d'alcool chez le sportif, voici quelques réalités :

- Les calories apportées par l'assimilation d'alcool ne sont pas utilisables pour l'effort musculaire.
- L'alcool est un antimicrobien mais uniquement lorsque son usage est médical, sur des blessures, et non pas lorsqu'il est bu.
- L'alcool n'augmente pas la confiance en soi, il peut diminuer le stress mais les inconvénients sont bien supérieurs au bénéfice ressenti.
- L'alcool n'est pas un stimulant, c'est un dépresseur du système nerveux central.
- L'alcool ne fait pas mieux dormir.
- Un café noir ou une douche froide ne désenivre pas.
- Les boissons gazeuses alcoolisées peuvent enivrer plus rapidement, car elles passent plus vite par l'estomac et l'intestin où l'alcool est absorbé.

La bière, boisson de récupération idéale : mythe ou réalité ?

La bière est sans nul doute la boisson alcoolisée la plus consommée au club house. Pilier central d'un moment de plaisir et de relâchement, elle fait office pour certains golfeurs convaincus, de boisson aux multiples propriétés régénérantes. Sachez pourtant que malgré les minéraux qu'elle contient, tous les inconvénients cités précédemment lui sont applicables, la remettant ainsi à sa place de boisson plaisir et... c'est tout !

Tous ces éléments nous confirment que l'alcool perturbe l'équilibre du sportif. Il peut être consommé modérément mais en dehors des périodes de compétition.

CONCLUSION : MAKE IT EASY !

Si vous ne vous êtes jamais soucié de votre nutrition auparavant, n'essayez pas de changer toutes vos habitudes d'un coup. Il n'est pas nécessaire de chercher une perfection illusoire. Si vous suivez les conseils de ce guide en termes d'hydratation, de nutrition et de complémentation 85 % du temps, vous remarquerez déjà de grands changements.

Si vous êtes vraiment motivés pour améliorer votre performance, il est important de vous créer une routine à laquelle vous serez habitué. S'organiser, planifier pour ne pas avoir à y réfléchir le jour de la compétition. Il ne s'agit pas de se lever le matin et de glisser dans votre sac de golf ce que vous trouverez dans le frigo. Il faut préparer votre stratégie nutritionnelle à l'avance et l'adapter à vos propres besoins.

Le fait de vous préparer va avoir un impact psychologique positif, vous donner confiance en votre jeu. Vous serez préparé, bien dans votre corps, dynamiques pour être le plus performant possible.

Commencez déjà, avant, pendant et après la partie, par remplacer tous les aliments à éviter évoqués au cours de cette première partie par des aliments plus sains, plus riches nutritionnellement et moins industrialisés. Vous supprimerez déjà le mauvais carburant potentiellement à l'origine de contre-performances.

Ce sera déjà une grande étape car il est difficile de modifier ses habitudes mais le bénéfice sur votre jeu et sur votre bien-être en général sera une belle récompense.

Dans un second temps, essayez d'établir votre plan nutritionnel. N'hésitez pas à demander conseil à une personne qualifiée. Les recommandations que je vous ai données ne sont qu'une base que vous devez adapter à vos besoins, vos goûts, votre mode de vie.

La réflexion se fait avant la partie ; quand vous êtes sur le parcours, vous n'avez pas à réfléchir à votre nutrition. Ce que vous devez manger et boire, à quel moment et dans quelles quantités, cela aura été pensé à l'avance pour que vous puissiez rester focalisé sur votre jeu.

La manière dont vous aborderez la prise en charge nutritionnelle conditionnera votre réussite dans ce domaine. Quel que soit votre niveau de jeu ou de connaissances en nutrition : **rendez les choses simples !** Si la tâche vous semble trop complexe ou trop contraignante, c'est que vous n'avancez pas dans la bonne direction !

En résumé, commencez lentement, développez des habitudes alimentaires plus saines qui, au fil du temps, deviendront une seconde nature, un peu comme votre routine d'entraînement. Avoir conscience et comprendre ce dont notre organisme a besoin vous conduira naturellement à des choix alimentaires plus adaptés.

Ces changements amélioreront votre jeu mais également votre bonne santé.

Chapitre II

La micronutrition ou comment booster la performance du golfeur

La micronutrition est une discipline récente qui a émergé dans les années 1990. Elle repose sur l'étude des vitamines, des acides gras, des oligoéléments et des acides aminés, qui sont pour la plupart des micronutriments que l'organisme humain ne peut pas synthétiser et qu'il doit impérativement trouver dans son alimentation[36].

Nous sommes tous sujets au déficit de certains de ces éléments du fait de notre mode de vie, de l'alimentation occidentale, du niveau de stress auquel nous sommes soumis et de notre pratique sportive. Ces déficits peuvent engendrer des défaillances en cascade dans les principaux systèmes de notre organisme, notamment ceux impliqués dans l'effort sportif. Ils peuvent constituer un réel frein à la progression, à la performance, ainsi qu'un terrain favorable à la survenue de pathologies ou de blessures.

L'enjeu pour le micronutritionniste sera donc d'identifier ces perturbations et de proposer des solutions qui passeront par la nutrition puis, si nécessaire, par l'apport de compléments alimentaires. Il s'agit d'une approche individualisée devant s'adapter au « terrain » et aux antécédents de chaque golfeur et qui permettra :

- **de préserver son capital santé,** lui permettant de jouer durablement et dans les meilleures conditions ;
- **d'augmenter son niveau de jeu** en favorisant le fonctionnement optimal de tous les mécanismes intervenant dans la réalisation d'une performance ;
- **de prévenir les blessures,** le golf pouvant être un sport traumatique – il faudra donc veiller à préserver l'intégrité

musculaire, tendineuse et ligamentaire des structures engagées lors du swing et de la préparation physique ;
- **d'optimiser le mental du golfeur** en utilisant la neuronutrition* comme outil pour améliorer la concentration, la motivation à gagner et diminuer les troubles de l'humeur pouvant influencer son jeu.

En vous intéressant à votre « terrain », vous veillez à fournir à vos cellules un environnement sain dans lequel elles pourront fonctionner au mieux, vous permettant ainsi d'atteindre, avec un entraînement adapté, vos objectifs golfiques.

Avec la micronutrition, nous abordons donc le deuxième niveau d'approche et passons **du niveau « macro »** de la nutrition, développé au premier chapitre, **au niveau « micro »**. À ma connaissance, ces notions n'ont jamais été appliquées au golfeur, c'est pourquoi en suivant les recommandations de ce guide, vous aurez un avantage considérable sur les autres participants de votre prochain tournoi. Vous en ressentirez les bienfaits en quelques semaines, aussi bien sur votre jeu que sur votre bien-être au quotidien.

J'attache beaucoup d'importance à expliquer comment fonctionnent ces systèmes, et notre organisme en général, car cela vous permettra de mieux comprendre les choix alimentaires proposés. À la fin de chaque partie, des recommandations pratiques auxquelles vous pourrez vous référer au quotidien seront détaillées. Pour finir, on s'attachera toujours prioritairement à trouver des solutions dans l'assiette et, lorsqu'une complémentation sera nécessaire, je vous accompagnerai pour la choisir et la consommer au mieux.

Suivez-moi maintenant dans le domaine passionnant qu'est la micronutrition... mise au service du golfeur.

* Voir partie II, « Nourrir son cerveau », p. 196.

I. LES BLESSURES LES PLUS FRÉQUENTES AU GOLF

Bien que le golf soit considéré comme un sport d'intensité moyenne, le risque de blessure existe. Il a été montré que, sur une période de deux ans de pratique, 60 % des joueurs professionnels et 40 % des joueurs amateurs se blessent au golf[37].

Les blessures du golfeur touchent essentiellement les articulations, les muscles et les tendons. Le type et la fréquence de blessures varient selon que le joueur est professionnel ou amateur et qu'il s'agit d'un homme ou d'une femme.

Pour comprendre et prévenir au mieux les blessures du golfeur, il sera fondamental d'avoir une bonne connaissance des phases du swing. En effet, chaque étape du swing induit des contraintes sur différentes parties du corps, ce qui entraîne des blessures caractéristiques de chaque phase[38]. Ces connaissances sur la biomécanique du swing permettront de mieux diagnostiquer et donc mieux traiter les blessures.

1. Les différents types de blessures

Les blessures liées au surentraînement

Les muscles, tendons et ligaments des articulations subissent des microtraumatismes résultant de contraintes minimes mais répétées un grand nombre de fois ce qui favorise les blessures. Ce sont les plus fréquentes. Du fait de la puissance de frappe et de la fréquence de jeu, les golfeurs professionnels sont statistiquement plus touchés par ce type de blessures.

Comme le golf représente l'activité principale du joueur professionnel, il aura moins tendance à diminuer son volume d'entraînement et mettre au repos la blessure. Ceci aura pour conséquence directe une augmentation du risque d'aggravation et de chronicité de la lésion.

Les blessures traumatiques

Elles résultent d'un traumatisme lors d'un geste unique. La majorité des blessures traumatiques se passent lors de la phase d'impact, que ce soit en faisant un divot, en frappant le tapis au practice de manière non intentionnelle, en frappant une balle se trouvant dans de l'herbe très épaisse ou en percutant des objets cachés comme une racine d'arbre, des cailloux...

Les zones les plus exposées au golf

Tous joueurs confondus les zones les plus fréquemment touchées sont le bas du dos, l'épaule et le poignet. En fonction du niveau de jeu et du sexe du joueur, les zones le plus souvent touchées peuvent varier[39-40].

	Homme	**Femme**
Professionnel	Bas du dos, poignet puis épaule	Poignet, main puis bas du dos
Amateur	Bas du dos, coude puis épaule	Poignet, coude et épaule

Les causes les plus fréquentes

Selon l'étude de McCarroll, les causes des blessures sont, en fonction du niveau professionnel ou amateur et par ordre de fréquence[41] :

Professionnels	Amateurs
Trop de jeu et/ou de practice	Trop de jeu et/ou de practice
Frappe du sol	Frappe du sol
Torsion inadéquate pendant le swing	Mauvaise réalisation du swing
	Échauffement insuffisant

En résumé, les blessures du joueur professionnel sont principalement liées à une pratique excessive.

Concernant l'amateur, les fautes techniques lors du swing répétées de nombreuses fois peuvent provoquer des douleurs lombaires, du poignet et de la main, avec notamment des tendinites. Les excès de frappe peuvent aussi affecter l'épaule et provoquer des tendinopathies et des arthropathies. Le manque d'échauffement et de préparation physique est aussi souvent mis en cause.

2. Prévenir et limiter les blessures : pistes non nutritionnelles

L'échauffement

Comme pour tous les sports, l'échauffement est une étape indispensable de votre entraînement. Il permettra de préparer les muscles et articulations qui seront sollicités durant la partie et ainsi contribuer à éviter les petites douleurs ressenties en fin d'entraînement et/ou de partie.

Faire du renforcement musculaire en parallèle

Les lombalgies sont la principale cause d'arrêt de pratique du golf. Renforcer vos quadriceps diminuera le risque de blessure dans le bas du dos. Augmenter sa souplesse au niveau des hanches et des épaules sera également bénéfique[42].

Muscler les bras et les avant-bras limitera le risque de tennis et de golf-elbow (respectivement douleur de la face externe et interne du coude).

Mais aussi

- Améliorer sa technique, à l'aide d'un coach si possible.
- Avoir du matériel adapté à sa taille. Avoir un grip de qualité et de taille adaptée contribuera à limiter les tendinopathies du coude et du poignet.
- Pour ne pas accentuer les douleurs, il faudra éviter de porter son sac, en utilisant autant que possible un chariot qu'il sera préférable de pousser (et non tirer).

Les trois étapes de l'évolution d'une blessure

1) **L'inflammation** – Cette phase est nécessaire pour se débarrasser des tissus endommagés, et enclencher la guérison. Sans inflammation, la blessure ne pourrait pas guérir. Cependant, si l'inflammation dure trop longtemps, les tissus continueront d'être détruits et la prescription d'anti-inflammatoires sera alors justifiée.
2) **La prolifération** – Après quelques jours, des cellules appelées « fibroblastes » se développent grâce à l'apport de nutriments et d'oxygène dans la zone lésée. Les fibroblastes produisent des éléments protéiques, tels que le collagène et la fibronectine qui permettront le début de la cicatrisation.
3) **La réparation** – Elle commence à partir de la troisième semaine, et pour une durée plus ou moins longue en fonction de la gravité de la blessure. Le premier tissu cicatriciel (collagène de type II) est remplacé par un collagène plus fort (de type I). Pendant cette phase, il sera important de solliciter normalement le muscle pour que le développement du collagène n'empêche pas le fonctionnement optimal du muscle.

Comme on peut déjà l'entrevoir, l'apport des bons nutriments et micronutriments sera essentielle à une réparation efficace des blessures.

II. IMPACT DE LA NUTRITION DANS LA SURVENUE ET LA RÉCIDIVE DES BLESSURES

Souvent mise de côté durant les périodes de blessures, une bonne stratégie nutritionnelle et micronutritionnelle sera pourtant décisive. Elle aidera votre corps à mieux se rétablir en produisant et en favorisant l'utilisation de votre « kit interne de réparation ».

1. Corriger le terrain pour prévenir les blessures

En dehors d'un traumatisme important, une blessure musculaire, tendineuse ou ligamentaire survient toujours sur un « terrain » fragilisé. Cette fragilité peut concerner tout niveau de ce fonctionnement en chaîne qu'est la contraction musculaire.

Si une ou plusieurs perturbations coexistent, c'est le bon déroulement de la contraction musculaire qui est compromis. Les muscles, tendons et ligaments **seront plus vulnérables à des atteintes liées à des causes primaires,** telles que des erreurs dans votre swing ou autre.

Cela signifie que ces dérèglements ne sont pas la cause directe d'une blessure mais qu'ils créent un terrain favorable à la survenue d'une lésion et retardent la guérison.

Parmi les perturbations listées ci-dessous, certaines feront l'objet d'une partie entière dans ce deuxième chapitre. En effet, elles constituent le fondement de l'équilibre micronutritionnel du golfeur. C'est la construction saine et durable de ces fondations qui conditionnera l'efficacité de votre stratégie nutritionnelle le jour de la partie, l'optimisation de vos performances et le maintien d'un bon état de santé général.

Le manque d'hydratation

Parmi les blessures les plus fréquentes du golfeur, on retrouve les tendinites. Le tendon est un tissu constitué de deux tiers d'eau mais qui est assez mal irrigué. En cas d'hydratation insuffisante, sa rigidité augmente. Combiné à une accumulation de déchets produits à l'effort, il devient le siège privilégié de lésions.

Nous l'avons déjà abordé en détail dans le premier chapitre, l'hydratation doit être optimale aussi bien à l'effort qu'en dehors pour conserver l'élasticité des tendons.

Un terrain « acide »

L'acidose métabolique sera détaillée plus loin. Elle est en partie conditionnée par les choix alimentaires du golfeur au quotidien et affecte toutes les grandes fonctions de l'organisme.

Un stress oxydant excessif

L'accumulation de radicaux libres chez le sportif ayant une activité intensive et une stratégie nutritionnelle inadaptée entraîne à terme des lésions cellulaires et tissulaires.

Un déséquilibre en acides gras oméga 6/oméga 3

Les acides gras oméga 3 représentent un allié incontournable de la santé et de la performance du golfeur.

Leurs propriétés naturellement **anti-inflammatoires** sont notamment indispensables pour compenser l'effet pro-inflammatoire d'un excès d'apports en oméga 6 causé par l'alimentation moderne.

Une alimentation à faible densité nutritionnelle

Pour fonctionner au mieux, les muscles ont besoin de minéraux comme le magnésium et le calcium. Les vitamines, les flavonoïdes, les oligo-éléments et les acides aminés essentiels auront aussi toute leur importance dans la réparation de microlésions musculaires, tendineuses ou ligamentaires. Tous ces micronutriments proviennent de notre alimentation, à condition de consommer des aliments à forte densité nutritionnelle. Les produits raffinés et transformés sont appauvris en micronutriments et ne « nourrissent » pas correctement le muscle.

Une hyperperméabilité intestinale

Le lien entre un déséquilibre intestinal et la récidive des tendinites par exemple peut ne pas sembler évident au premier abord ! Pourtant c'est l'un des premiers éléments à vérifier dans ce contexte. Je vous expliquerai ce lien dans la partie sur les troubles digestifs du golfeur.

Détecter ces potentielles dysfonctions puis intervenir sur le terrain vous permettra d'améliorer la cicatrisation, d'éviter le passage à la chronicité et de diminuer le risque de récidive.

2. La micronutrition, une aide à la guérison des blessures

Pour favoriser au mieux la récupération après une blessure, vous pourrez avoir recours aux produits détaillés dans la partie qui va suivre. Ils ne dispensent ni de repos, ni du traitement qui vous aura été prescrit si c'est le cas. Néanmoins, ils vous apporteront un bénéfice considérable en termes de qualité de récupération et de prévention de récidive de la blessure. Quand les tournois s'enchaînent, la récupération doit être efficace pour que vous puissiez vous sentir solide et ne pas appréhender de ressentir une quelconque gêne ou douleur durant la partie à venir.

a) LE COLLAGÈNE

Le collagène est une protéine fibreuse naturellement présente dans les tissus conjonctifs tels que la peau, les muscles, les tendons et les os. Il confère à ces structures **élasticité, souplesse, résistance et hydratation**. Il est donc essentiel au maintien de l'intégrité de toutes les structures intervenant dans l'exécution du swing ce qui le rend particulièrement intéressant pour le golfeur. Voyons dans quelles situations le golfeur peut tirer avantage de son utilisation.

Fonctions du collagène

Protection des articulations

Le cartilage est constitué à 67 % de collagène. Il est utilisé dans la prise en charge des douleurs articulaires pour réparer les traumatismes, l'usure et entretenir les cartilages.

Il peut être associé à la glucosamine pour une meilleure efficacité. Cette dernière joue un rôle de lubrifiant au niveau de l'articulation. Ensemble, ils améliorent la régénération, la souplesse et la solidité de l'articulation.

Il est indiqué chez les sportifs souffrant d'arthrose, le golfeur senior par exemple.

Prévention et aide au traitement des tendinites

Comme nous venons de le voir, la tendinite est une blessure fréquente au golf. Les traitements conventionnels permettent une récupération lente qui peut être optimisée en se complémentant avec du collagène. En effet, la masse sèche du tendon est constituée à plus de 95 % de collagène. Il contribue à maintenir la structure et la force du tendon. Lorsque le collagène se fragilise, de petites déchirures apparaissent dans le tendon, l'affaiblissant et causant la douleur. L'apport de collagène contribue à réparer ces microlésions.

Protection des ligaments

Les ligaments sont principalement composés de collagène. Ils servent notamment à connecter les os entre eux dans les articulations, à assurer la mobilité des articulations en empêchant les faux mouvements ce qui protège des entorses, luxations et autres mouvements forcés.

À mesure que le collagène diminue avec l'âge **(baisse de 30 % à 40 ans, de 45 % à 50 ans et de 60 % à 60 ans)**, les ligaments perdent leur résistance et leur souplesse, ce qui peut provoquer une sensation de raideur dans nos articulations.

La souplesse étant essentielle à un swing fluide et efficace, là encore préserver son niveau de collagène sera favorable au golfeur.

Amélioration de la récupération musculaire

En « colmatant » les microtraumatismes consécutifs à un entraînement en résistance, le collagène améliore la récupération musculaire et aide à conserver la masse musculaire. On l'utilisera en cure chez le golfeur ayant une préparation physique intense et chez le golfeur senior pour entretenir, avec des apports protéiques adaptés, sa masse musculaire.

Cicatrisation de la muqueuse intestinale

Les golfeurs ayant des troubles fonctionnels intestinaux* pourront consommer du collagène en cures afin d'aider à la cicatrisation de la muqueuse intestinale.

Qualité de la peau

Du fait de son exposition aux UV (malgré la protection solaire), au froid et à la pollution, le golfeur devra prendre toutes les dispositions nécessaires pour préserver une peau de qualité. Cette considération esthétique, bien qu'éloignée de tout objectif de performance, mérite d'être abordée car c'est une question qui m'a de nombreuses fois été posée, en particulier par les golfeuses. Comment ne pas avoir une peau trop « marquée » malgré les heures passées à l'entraînement et sur les parcours ? Les principes de base à appliquer sont : **la protection UV et l'hydratation**. En parallèle, pour les golfeurs et golfeuses seniors, vous pouvez vous complémenter en collagène, en cures, car c'est lui qui confère élasticité et souplesse à votre peau.

Sous quelle forme consommer le collagène ?

Il existe plusieurs moyens d'augmenter son niveau de collagène.

L'alimentation

Aujourd'hui, nos sources alimentaires de collagène sont très réduites. Dans les produits animaux, il est présent dans les morceaux non consommés par l'homme moderne : peau, moelle osseuse, cervelle, cartilage... La partie gélatineuse

* Voir partie II, « Les troubles digestifs du golfeur, p. 169.

non grasse des bouillons ou fonds de viande faits avec des os et des cartilages, notamment les pattes et la queue, constitue une source de collagène.

On en retrouve également dans la gélatine utilisée en cuisine ou en confiserie, en petites quantités. On comprend aisément que ces apports ne peuvent suffire à résoudre certaines problématiques comme les blessures.

Les compléments alimentaires à base de collagène

Ils présentent quelques inconvénients liés à leur mode de fabrication. En effet, ils sont produits à partir des restes les moins chers issus de l'abattage des animaux d'élevages industriels. Aussi, sa faible traçabilité (mélange de restes issus de différents abattoirs) ne garantit pas une sécurité suffisante en cas de problème sanitaire. En outre, étant un produit « à la mode », il est souvent vendu à un prix excessif par rapport à son coût de fabrication et à la qualité des matières premières utilisées. Préférez le collagène marin et hydrolysé qui aura une meilleure assimilation.

Le collagène est une protéine essentielle dans notre organisme et un déficit chronique diminuerait l'espérance de vie et serait **impliqué dans toutes les maladies dégénératives modernes**[42-43].

La glycine

Le collagène est constitué à 30 % de glycine[44], un acide aminé qui a lui seul présente de nombreux bienfaits. Parce qu'il permet de synthétiser le collagène, de nombreuses études menées confirment son intérêt dans le métabolisme du sportif, la croissance musculaire[45-46], le maintien des os solides et des articulations fortes[47-48], la récupération et la prise en charge des blessures[49]. La glycine a également des effets positifs sur l'hyperperméabilité intestinale, le sommeil, la concentration, la réactivité...

Produite par fermentation bactérienne ou par synthèse, elle est donc pure, sans risque de contamination, parfaitement traçable et beaucoup moins chère. Bien que le collagène agisse plus rapidement, la glycine présente de nombreux avantages.

Quantité de glycine recommandée en cas de blessure

La synthèse du collagène dans notre organisme nécessite environ 12 g de glycine par jour. Les apports alimentaires sont de 1,5 à 3 g par jour. Nous sommes donc, en dehors de tout épisode de blessure, en déficit constant à hauteur de 10 g par jour.

Chez le golfeur, il sera donc pertinent de faire des cures régulières de glycine. La dose recommandée est située entre 8 et 15 g par jour selon son gabarit et son alimentation, à diluer dans un verre d'eau[50]. En prévention/entretien, consommez-en 5 g, trois fois par semaine.

Il est recommandé de la consommer en dehors des repas, dans un verre d'eau. Elle a un goût neutre et ne provoque pas d'effets secondaires particuliers.

b) LA GLUTAMINE

La glutamine est l'acide aminé le plus abondant dans le sang et dans les muscles. Non essentielle, elle peut être surconsommée dans les situations exigeant une rapide multiplication des cellules telles que les **blessures sportives**, l'**inflammation** et la **cicatrisation**. Ceci peut entraîner une diminution des ressources en glutamine et une altération des processus dans laquelle elle est impliquée.

Fonctions de la glutamine

Formation des protéines, réparation des cartilages et des tendons

Elle aide à préserver le muscle pendant et après l'effort et stimule la sécrétion d'hormone de croissance. Plus le muscle a été stressé et a fourni un effort intense, plus il a consommé de la glutamine. Du fait de son implication dans la structure de nombreuses protéines, le moindre déficit dans sa production retentit sur tout l'organisme, notamment sur les muscles.

La glutamine facilite la **récupération**[51] après des efforts soutenus (préparation physique) ainsi que la **régénération des tissus lésés** par une blessure en participant à la production de glucosamine.

Rôle dans l'équilibre acido-basique

C'est un aspect essentiel chez le sportif, surtout s'il subit des blessures à répétition*.

Protection de l'intestin

Elle représente la principale source énergétique de nos cellules intestinales. Chez le golfeur ayant des troubles intestinaux, la glutamine sera une molécule indispensable à la cicatrisation de la muqueuse intestinale.

Maintien d'une bonne immunité[52-53]

Le golfeur qui aura une préparation physique soutenue et des tournois qui s'enchaînent pourra voir son immunité fragilisée par ce rythme, surtout s'il est stressé. Comme on l'expliquera dans la partie sur les troubles digestifs,

* Voir partie II, « L'équilibre acido-basique, p. 138.

l'intestin constitue le siège de l'immunité dans notre organisme. La glutamine est indispensable au bon fonctionnement de nos cellules intestinales, à la prolifération de la flore ainsi qu'aux globules blancs qui assurent la défense contre les diverses infections.

Sources de glutamine

Dans l'alimentation, on la retrouve principalement dans les viandes, poissons, produits céréaliers, légumes secs et le lait. Les épinards, le chou, le persil cru et le miso en contiennent également.

Elle peut aussi être fabriquée à partir de dérivés du métabolisme glucidique et de trois acides aminés ramifiés (valine, leucine, isoleucine) dont on reparlera plus loin. Elle est ensuite distribuée aux tissus utilisateurs.

Doses recommandées

La glutamine sera particulièrement utilisée chez le golfeur en situation de surentraînement. Évidemment, cet état ne concernera pas le golfeur amateur mais plutôt le golfeur professionnel ayant une préparation physique intense, des tournois chaque semaine, surtout s'il voyage beaucoup, et des temps de récupération insuffisants.

La prise de 5 g à 10 g de glutamine avant ou tout de suite après avoir fourni un effort intense permettra de lutter contre les effets liés à cet état, en particulier la baisse de l'immunité. La dose exacte et la durée de la cure sont à déterminer avec un professionnel et à adapter individuellement.

Les études concernant leur intérêt dans la performance physique ne sont pas encore assez tranchées pour conférer à la glutamine un effet ergogénique[54-55-56], c'est-à-dire qui améliore le travail musculaire et, de ce fait, la performance sportive.

c) LES PROTÉINES HSP

Les protéines HSP (*Heat shock protein*) ou « protéines du choc thermique » représentent environ 5 % de l'ensemble des protéines. Aux températures avoisinant 40-41 °C, quand la plupart des protéines sont fortement ralenties, le nombre de protéines HSP augmente.

Elles interviennent également en cas de « stress » dans l'organisme, dont la blessure sportive constitue un parfait exemple. Leur mécanisme d'action consiste à se lier à des protéines ayant subi des dommages puis à les aider à reprendre leur forme active. Elles contribuent également à l'élimination des protéines irréparables.

Il est pertinent de les stimuler dans les situations suivantes :

- traumatismes physiques : entorse, contusion, claquage, etc. ;
- douleurs inflammatoires : tendinites[57], etc. ;
- lésions tissulaires qui nécessitent une cicatrisation rapide (chez le compétiteur notamment).

Mais également :

- en post-infection, par le virus de la grippe par exemple ;
- en péri-opératoire ;
- en cas de lésion cutanée, de coup de soleil, etc.

Il faut savoir que, suite à une blessure :

- la réponse HSP nécessite un délai pour se mettre en place, ce délai variant d'une personne à l'autre ;
- l'intensité de la réponse diminue avec l'âge.

Certains sportifs sont hyposécréteurs de HSP et d'autres, des répondeurs lents. L'enjeu sera donc d'amplifier la réponse HSP et de raccourcir leur délai d'action pour que la cellule gère le traumatisme (lésion musculaire, tendineuse, inflammation, etc.) le plus rapidement et le plus efficacement possible.

Stimuler les HSP

Il est possible de stimuler la voie des HSP grâce à des plantes et des algues, utilisées sous forme de compléments alimentaires. Ces plantes ont la particularité de survivre dans des conditions extrêmes (sécheresse, chaleur extrême) en tout équilibre et sans perdre leur fonction. Elles ont naturellement développé des défenses chimiques pour lutter contre ces agressions externes et on les utilise aujourd'hui pour gérer les nôtres. C'est le cas par exemple du *Porphyra umbilicalis*. Le curcuma est également un puissant inducteur des protéines HSP[58-59].

Cette voie d'optimisation de récupération après blessure mérite vraiment d'être connue par tout sportif. Je le conseille de manière individualisée depuis de nombreuses années et les résultats obtenus en font pour moi un outil incontournable dans l'accompagnement des blessures du sportif.

d) LES AUTRES MICRONUTRIMENTS UTILES

La vitamine C

Elle participe à la synthèse de collagène. En cas de déficit, les fibres de collagène se forment de façon anormale et le tissu qu'elles composent devient plus « faible ».

En période de blessure **uniquement**, consommez-en un gramme par jour, en préférant les sources naturelles car elles apportent en plus des antioxydants.

Il a été montré qu'un déficit en vitamine C pouvait altérer les capacités à l'effort physique[60]. Le golfeur aura donc tout intérêt, en dehors des périodes de blessure à consommer via son alimentation la quantité journalière recommandée, soit environ 110 mg par jour[61].

Elle participe également à :

- la réduction du stress oxydant,
- la réduction de la fatigue[62],
- l'absorption du fer,
- au fonctionnement normal du système immunitaire[63] et du système nerveux.

La vitamine C est fragile, il faudra donc prendre quelques précautions pour la préserver dans nos aliments.

- **Elle s'oxyde à l'air et à la lumière,** il faut donc consommer les aliments sources immédiatement après les avoir préparés.
- **Elle est protégée par l'acidité,** elle sera donc mieux conservée dans les fruits acides tels que les agrumes.
- **Elle est hydrosoluble,** elle sera donc perdue dans l'eau de cuisson si elle n'est pas réutilisée pour une soupe par exemple. Privilégiez par conséquent la cuisson vapeur.
- **Elle est détruite à 190 °C**, privilégiez les cuissons à basse température, aux alentours de 100 °C.
- **Consommez quotidiennement les aliments sources frais**, de saison et crus autant que possible.

Teneur en vitamine C de quelques aliments[64]

Aliments	Teneur en vitamine C (mg/100 g)
Poivron rouge cru/cuit	159/81
Poivron vert cru/cuit	92/74
Brocoli cru/cuit	106/23
Kiwi	92
Fraise	67
Orange	57
Citron	51

Chou frisé cuit	41
Jus d'orange, pur jus	37
Ananas	36
Pamplemousse rose (pomelo)	31

Le cuivre

Il participe à la synthèse de collagène, à la formation d'élastine (autre protéine impliquée dans l'élasticité des tissus connectifs) et à la cicatrisation. Il intervient dans la croissance et la minéralisation de la masse osseuse et des cartilages articulaires, ce qui le rend efficace pour lutter contre l'ostéoporose et l'arthrose. Il module les réactions inflammatoires et participe au bon fonctionnement du système immunitaire. C'est un antioxydant puissant qui devient toutefois pro-oxydant s'il est apporté en excès. Il participe au transport du fer dans l'organisme et intervient dans la production des neurotransmetteurs*.

Le cuivre est un micronutriment essentiel au sportif blessé, qui est utilisé dans les cas de douleurs articulaires, les tendinites chroniques et les phénomènes dégénératifs microtraumatiques. La dose recommandée par l'EFSA* est de 1,6 mg par jour pour un homme adulte[65]. En cas de blessure, il est recommandé de consommer 2 à 3 mg par jour, durant les deux premières semaines de guérison.

Pour assurer vos apports en cuivre en dehors des périodes de blessure

- Consommez régulièrement des aliments riches en cuivre : les fruits de mer, les céréales et les légumes secs.

* Voir partie II, « Nourrir son cerveau », p. 196.
* European Food Society Authority

- Mangez des abats une à deux fois par mois pour reconstituer votre stock (si cela correspond à vos goûts).
- Pensez aux dattes séchées dans votre ration de récupération.
- Le cuivre doit être consommé à des doses faibles mais répétées.

Teneur en cuivre de quelques aliments[64]

Aliments	Teneur en cuivre (mg/100 g)
Foie de veau cuit	20
Calamar poêlé ou frit	2,11
Noisettes	1,75
Chocolat noir, 70 % minimum	1,4
Homard cuit	1,3
Huîtres	1,29
Crevettes cuites	0,68
Persil séché	0,62
Haricots rouges cuits	0,27
Avocat	0,25
Dattes séchées	0,22
Kiwi	0,12

Le zinc

Il participe à une multitude de réactions chimiques dans l'organisme, dont celles impliquées dans la synthèse protéique et la réparation des tissus. Un déficit en zinc ralentit la cicatrisation et la guérison des blessures du sportif. Il aide à préserver la masse osseuse. Il stimule l'immunité. Il aide au maintien d'un taux de testostérone normal dans le sang.

La dose recommandée par l'EFSA* est de 10 à 14 mg par jour pour un homme adulte. En cas de blessure, il est

* European Food Society Authority.

recommandé de consommer 30 mg par jour, durant les deux premières semaines de guérison. Le déficit en zinc est fréquent, en particulier chez le végétarien, sportif ou non. En effet, l'absorption du zinc présent dans les végétaux est fortement limitée par les fibres.

Pour assurer vos apports en zinc en dehors des périodes de blessure, consommez régulièrement des aliments riches en zinc *(cf. tableau ci-contre)*. Il est principalement apporté par la viande, les œufs, les produits laitiers et les céréales.

Si un déficit est avéré et que la complémentation est nécessaire, privilégier les compléments alimentaires ayant la meilleure biodisponibilité (guanylate, pidolate, acétate ou citrate de zinc). Le zinc est présent dans presque tous les compléments multivitaminés, prenez garde à ne pas multiplier les sources car un excès de zinc nuira au métabolisme du cuivre.

Teneur en zinc de quelques aliments[64]

Aliments	Teneur en zinc (mg/100 g)
Huîtres	22
Germe de blé	14
Graines de sésame	5,74
Noix de cajou	5,4
Bœuf haché cuit	5,05
Foie de veau	4,6
Graines de chia séchées	4,58
Cheddar	3,43
Mozzarella	2,92
Jaune d'œuf	1,4
Lentilles vertes cuites	1,25
Pois chiches cuits	1,1

Les oméga 3

Une partie leur sera dédiée. Ils ont des propriétés anti-inflammatoires et il a été montré qu'un ratio oméga 6/oméga 3 élevé diminue la production de collagène, alors qu'un ratio optimal en oméga 3 favorise sa production.

e) INTÉRÊT DE LA PHYTOTHÉRAPIE DANS LA PRISE EN CHARGE DES BLESSURES

Certaines plantes ont des vertus qui seront très utiles au golfeur. Elles peuvent être utilisées en complément du traitement qui vous aura été prescrit ou seules pour aider à la guérison.

Bien que leur origine soit naturelle, la prise de plantes aux propriétés anti-inflammatoires ne doit pas être envisagée immédiatement après la blessure. Rappelons que le processus inflammatoire est une étape indispensable à la guérison qu'il n'est pas justifié de réprimer au début.

La phytothérapie offre d'innombrables possibilités pour améliorer la santé du sportif. Afin de tirer le meilleur des plantes, demandez conseil à votre pharmacien ou à tout professionnel de santé formé car rappelons que, bien que naturelles, les plantes peuvent présenter certaines contre-indications avec votre état de santé et interagir avec vos traitements médicamenteux.

Il faut avoir des connaissances précises pour identifier quelle partie de la plante est active, quel dosage du principe actif est efficace, quelle plante est adaptée au « terrain » de chacun, à quel moment la prendre, etc.

Tous ces éléments considérés, la phytothérapie vous offrira un avantage considérable dans la prise en charge de vos blessures.

La phytothérapie dans l'accompagnement de la prise en charge des blessures

Plante	Actions	Contre-indications*	Interactions médicamenteuses*
Harpagophytum	– Anti-inflammatoire – Antalgique		– Antiarythmiques – Anticoagulants – Antiplaquettaires
Saule	– Antalgique – Anti-inflammatoire	– Allergie vraie aux dérivés salicylés – Syndrome de Reye – Asthme – Ulcère gastro-intestinal actif – Maladie hépatique ou rénale – Trouble de la coagulation – Déficit en G6PD – Grossesse 3ᵉ trimestre	– Anticoagulants – Salicylates et autres AINS
Reine-des-prés	– Anti-œdémateuse	– Allergie vraie aux dérivés salicylés – Néphrite – Syndrome de Reye	– AINS (ibuprofène) – Antibiotiques (tétracycline, pénicilline) – Anticoagulants
Cassis	– Anti-inflammatoire – Chondroprotecteur – Favorise la synthèse de collagène	– Maladie cardiaque sérieuse	– Diurétique de synthèse
Curcuma	– Anti-inflammatoire	– Obstruction des voies biliaires – Calculs biliaires infracentimétriques – Maladie biliaire ou hépatique	– Anticoagulants
Valériane	– Myorelaxante (contracture musculaire)		– Sédatifs (dose à adapter)

*Liste des contre-indications et interactions non exhaustive.

On pourra aussi se tourner vers :

- le boswellia : anti-inflammatoire ;
- l'ananas (bromélaïne) : anti-inflammatoire et anti-œdémateux ;
- les feuilles de thé vert (flavonoïdes) : anti-inflammatoire.

La micronutrition dans l'accompagnement de la prise en charge des blessures (musculaires, tendineuses, articulaires)

Action	Produit
Traiter la douleur et l'inflammation	- Phytothérapie *(cf. tableau ci-dessus)* - Oméga 3
Décontracter le muscle	- Magnésium - Valériane
Accélérer la cicatrisation musculaire et tendineuse	- *Porphyra umbilicalis* - Oligo-éléments (vitamine C, cuivre, zinc, etc.)
Favoriser la cicatrisation par l'apport de protéines et/ou de précurseurs	- Collagène ou glycine - Glutamine - BCAA *(cf. Foire à questions)*
Favoriser la cicatrisation par l'apport de cofacteurs	- Cuivre, magnésium, fer, zinc, manganèse, vitamines du groupe B, vitamines A, C, D
Prévenir la dégradation des cartilages	- Glucosamine - Chondroïtine - MSM (méthylsulfonylméthane)
Faire une étude de terrain	- Équilibre acido-basique - Inflammation chronique - Stress oxydant excessif - Déficits micronutritionnels

En résumé, les blessures du golfeur sont variées. Si elles sont d'origine mécanique, commencez par consulter votre médecin du sport, kinésithérapeute ou ostéopathe pour identifier la cause exacte et agir en conséquence.

En parallèle, une étude de « terrain » et une prise en charge micronutritionnelle représenteront un énorme avantage dans la résolution de vos blessures à répétition car celles-ci n'incarnent qu'une manifestation visible de perturbations internes que la micronutrition nous permet de corriger.

III. L'ÉQUILIBRE ACIDO-BASIQUE

Si vous vous intéressez un peu à la littérature ou à la presse sportive, vous entendrez souvent parler de l'acidose métabolique. Elle constitue une préoccupation majeure pour les sportifs. Cette notion assez complexe est souvent évoquée dans l'apparition de différents troubles du sportif et notamment des blessures.

1. Qu'est-ce que l'acidose métabolique ?

Avant de comprendre comment un état d'acidose métabolique (AM) peut avoir un impact sur la santé du golfeur, il est nécessaire d'acquérir quelques bases. En effet, vous serez bien plus enclin à appliquer les recommandations qui suivront en ayant une vision simplifiée mais globale de la problématique. Voyons cela ensemble !

Pour exercer toutes ses fonctions de manière optimale (métaboliques, nutritionnelles, enzymatiques, etc.) notre organisme doit évoluer dans un environnement favorable et équilibré que l'on nomme « l'homéostasie ».

Parmi les différents facteurs influençant cet état, celui qui nous intéressera dans cette partie est le pH (paramètre qui permet de définir si un milieu est acide ou basique). Par exemple, dans le sang, le pH est compris entre 7,36 et 7,42[66]. Notre organisme est légèrement basique et devient acide lorsque le pH est inférieur à 7.

L'organisme produit naturellement des acides qui sont essentiellement issus de la dégradation des protéines. Cependant, les protéines animales et végétales ne produiront pas le même type de « déchets acides ». Les **protéines végétales** vont générer des acides volatils (citriques, oxaliques et pyruviques) d'élimination facile, rapide, et adaptable. Les **protéines animales**, quant à elles, produiront des acides non volatils (uriques, sulfuriques et phosphoriques) dont l'élimination sera difficile, lente et peu adaptable. On entrevoit alors quelles sont les sources alimentaires qu'il ne faudra pas consommer en excès pour préserver cet équilibre.

Pour ne jamais sortir de la « fourchette » de valeurs normales de pH, des systèmes de contrôle et d'équilibre appelés « tampons » régulent plus ou moins efficacement ce dernier. Les trois principaux systèmes « tampons » sont les os, les poumons et les reins.

Comme vous l'aurez compris, l'accumulation d'acides dans les tissus, et plus précisément dans les cellules, crée un état d'acidose métabolique. Le pH est ainsi diminué ce qui entraîne de nombreuses perturbations physiologiques que nous évoquerons plus loin. Certaines d'entre elles ne pourront pas être négligées chez le golfeur qui doit performer, et plus largement chez toute personne souhaitant préserver son état de bonne santé.

2. Les répercussions sur l'organisme du golfeur

Notre organisme tendant toujours vers l'équilibre, il aura recours à des moyens de compensation pour maintenir son pH au plus proche des valeurs normales.

Le stockage

Les acides en excès vont s'accumuler dans les tissus ce qui aura différents effets :

- **dépôts d'acide urique dans les articulations,** qui pourront être à l'origine de douleurs rhumatismales ;
- **perturbation du transport de l'oxygène** et de la nutrition cellulaire, ce qui créera un environnement favorable au développement de certaines pathologies ;
- **irritation des tissus** et altération de la perméabilité des muqueuses digestives augmentant ainsi le risque d'hyper-perméabilité intestinale dont nous parlerons plus loin.

La mobilisation des éléments alcalins osseux

Pour compenser l'acidité ambiante, l'organisme puise dans ses réservoirs de minéraux alcalins, tels que le magnésium et le calcium présents dans les os. Ceci conduit à une déminéralisation qui, si elle devient chronique, pourra conduire à une ostéoporose, des caries dentaires, une fragilité des articulations, des ongles...

Les conséquences chez le golfeur

La semaine du compétiteur est rythmée par les séances de préparation physique, les entraînements techniques, les parcours... La production d'acides augmente avec le métabolisme énergétique. Si le golfeur cumule de mauvaises habitudes alimentaires, un stress mal géré ou toute autre conduite pouvant conduire à un état d'acidose (tabagisme, consommation d'alcool, etc.), les répercussions seront visibles :

- fatigue, manque d'énergie ;
- crampes, faiblesse, spasmes musculaires, courbatures ;
- difficulté de récupération ;

- inflammations et douleurs tendineuses, articulaires ;
- déminéralisation osseuse, risque augmenté de fractures ;
- brûlures d'estomac, troubles digestifs, apparition de candidoses ;
- nervosité, sommeil perturbé.

Ces effets auront un effet déterminant sur votre bien-être et donc sur votre jeu. Conserver une excellente mobilité, préserver son capital osseux et ses tissus tendineux intègres, récupérer efficacement lors d'un tournoi, aidera le compétiteur comme l'amateur à exercer sa passion le plus longtemps possible et dans les meilleures conditions.

Les effets possibles d'un déséquilibre acido-basique

- Frilosité
- Sensibilité aux infections
- Sensibilité accrue à la douleur
- Inflammation des gencives, sensibilité, caries dentaires
- Ongles fragiles, cassants, dédoublés, rayés
- Chute de cheveux, cheveux ternes
- Peau sèche, fissurée, crevassée, eczéma sec
- Calculs rénaux, goutte
- Ostéoporose

3. Comment arrive-t-on à un état d'acidose métabolique ?

À l'échelle humaine

Jusqu'à la fin du paléolithique (- 12 000 ans avant notre ère), l'alimentation était majoritairement alcalinisante : fruits, légumes, racines, tubercules riches en potassium... Nous sommes génétiquement programmés pour ce type d'alimentation. Or depuis le développement de l'agriculture et de l'industrie agroalimentaire, la consommation d'aliments acidifiants (viandes, céréales, laitages) a largement augmenté au détriment des produits végétaux alcalinisants. Près de 80 % de notre alimentation moderne a un effet acidifiant et seulement 20 % un effet alcalinisant.

Ceci nous plonge donc dans un état d'acidose chronique que notre organisme tente de gérer avec le matériel génétique dont il dispose[67].

À l'échelle individuelle

L'acidose métabolique est souvent multifactorielle. Parmi les éléments favorisants le plus souvent cet état, on retrouve :

- la consommation quotidienne et excessive d'aliments et/ou de boissons acidifiantes ;
- le stress chronique, le surmenage ;
- la sédentarité (le défaut d'oxygénation tissulaire entraîne une sous-élimination des déchets acides) ;
- les états de fatigue ;
- la moindre efficacité des systèmes « tampons » : déficients par manque de nutriments essentiels, surcharge toxinique, vieillissement, etc. ;
- les déficits chroniques en vitamines et minéraux intervenant dans les réactions visant à l'équilibre ;
- l'activité physique intense, le surentraînement ;
- la prise chronique de certains médicaments.

4. Suis-je concerné ?

Les questionnaires

Avoir réalisé des bilans de micronutrition durant plusieurs années, que ce soit chez le non-sportif, l'amateur ou le compétiteur, m'a montré qu'un questionnement poussé et spécifique renseigne rapidement sur l'existence d'une potentielle acidose. En effet, le type d'alimentation, les habitudes hygiéno-diététiques (tabac, consommation d'alcool), le niveau de stress, certains dérèglements (musculo-tendineux par exemple) fournissent de précieuses indications.

Sans être individuellement suffisants pour confirmer un état d'acidose, certains signes cliniques sont néanmoins évocateurs.

Pour les personnes attachées à un diagnostic biologique, deux possibilités s'offrent à vous :

La mesure du pH urinaire

Autrefois très utilisée, on sait aujourd'hui qu'il n'est pas le reflet le plus fiable de la charge acido-basique. En effet, il peut varier en fonction du dernier repas, du niveau d'activité physique...

Le rein est la principale porte d'élimination des déchets acides produits par notre organisme. Un pH urinaire inférieur à 6,5 montre que le corps élimine un trop-plein d'acides révélant ainsi un état d'acidose.

En pratique

- **Se procurer du papier pH en pharmacie** : la couleur varie en fonction du niveau d'acidité du liquide testé.
- **Faire trois mesures par jour durant cinq jours** pour dégager une valeur moyenne.
- **Toujours faire les mesures avant les repas :** les urines postprandiales sont toujours plus acides.
- **Ne jamais prélever les premières urines du matin :** elles sont chargées d'acides éliminés par le rein et accumulés durant la nuit.

Sachez toutefois que malgré des résultats normaux, une acidose métabolique ne peut pas être définitivement écartée.

L'excrétion nette acide (ENA)

Principalement utilisée dans les études sur l'équilibre acido-basique, elle traduit, par un calcul, la capacité de l'organisme à gérer la charge acide. Même si son calcul présente certaines limites, l'ENA est un indicateur fiable. Cette méthode n'est cependant pas utilisée en routine dans le cadre d'un suivi micronutritionnel.

5. Comment repérer les aliments acidifiants ou alcalinisants ?

Idée reçue

La première chose à savoir est que **le goût** de l'aliment (et son pH) ne renseigne pas du tout sur son caractère acidifiant. Prenons l'exemple du citron dont le goût est acidulé. Les acides contenus dans le citron seront rapidement neutralisés au niveau intestinal. La richesse de sa composition en sels minéraux en fera finalement un produit alcalinisant.

Ceci est également vrai pour le vinaigre de cidre, les tomates... donc ne vous laissez pas piéger !

L'indice PRAL

En 1995, le docteur Thomas Remer, spécialiste de l'équilibre acido-basique a mis au point l'indice PRAL (*Potential Renal Acid Load* ce qui signifie « charge rénale acide potentielle »)[68].

L'indice PRAL permet d'étudier, pour chaque aliment, la quantité de charge acide, soustraite de la charge basique, et tient compte de l'absorption intestinale de chaque élément.

> Un aliment à **PRAL > 0** sera considéré **acidifiant**
> Un aliment à **PRAL < 0** sera considéré **alcalinisant**
> Un aliment à **PRAL = 0** sera considéré **neutre**

Pour faire simple

- Les protéines animales (viandes, poissons, volailles, œufs, crustacés), les fromages, les céréales et les sodas sont acidifiants. En nutrition du sport, on recommande de les limiter après l'effort, pour réduire plus rapidement l'onde d'acidification engendrée par l'effort (production d'acide lactique et production de déchets acides). Ceci permet d'améliorer la récupération, limiter les crampes et les lésions musculo-tendineuses.
- Les laitages de brebis et de chèvre sont moins acidifiants que les laitages de vache.
- Le café, le thé, le cacao et l'alcool sont acidifiants.
- Les fruits et légumes sont alcalinisants.
- Les huiles végétales (colza, mais, olive, tournesol, etc.), le sucre blanc sont neutres.

Les limites du PRAL

Le PRAL ne doit pas être une référence absolue du pouvoir acidifiant ou alcalinisant d'un aliment. En effet, il ne prend pas en compte certains éléments qui peuvent significativement influencer la charge acide ou basique d'un aliment :

- la présence de citrates et de bicarbonates (alcalinisants), car supposition est faite qu'ils sont liés au potassium ;
- la charge acide des protéines et acides aminés soufrés est basée sur une moyenne ; or, certains aliments ont des valeurs éloignées de la moyenne.

Pour illustrer ces informations théoriques prenons un exemple qui s'inscrit dans le quotidien de tous les golfeurs :

L'exemple des eaux minérales

Les eaux minérales, du fait de leur composition, peuvent aussi contribuer à l'équilibre acido-basique[69]. À PRAL équivalent, les répercussions sur l'équilibre acido-basique peuvent être différentes. Comparons deux eaux riches en calcium, à PRAL identique.

- L'eau Quézac® est à la fois riche en calcium et bicarbonates (alcalinisants) et pauvre en sulfates (acidifiants), ce qui la rend intéressante en récupération et pour la gestion du capital osseux[70].
- Avec un apport équivalent en calcium, l'eau Contrex® est également riche en sulfates (acidifiants) qui ne sont pas pris en compte dans le calcul du PRAL. Cette richesse en sulfates va entraîner une mobilisation et une fuite urinaire du calcium. Le calcium absorbé et son impact alcalinisant est alors significativement diminué[71].

Au final, pour profiter pleinement de cet apport en calcium, il conviendra d'avoir en parallèle une alimentation riche en végétaux (alcalinisants) pour compenser l'acidité des sulfates[72].

Savoir « lire »
l'étiquette des eaux minérales

Les principaux minéraux **acidifiants** sont le chlore, le soufre, le phosphore, les sulfates, les nitrates.
Les minéraux **alcalinisants** sont le magnésium, le sodium, le calcium, le potassium[68].

En conclusion, le PRAL donnera une idée sommaire de la charge acide au golfeur qui cherchera à équilibrer son terrain acido-basique. Il ne sera en aucun cas nécessaire de faire des calculs pour arriver à la neutralité car la formule est elle-même biaisée. Prendre en compte le PRAL doit se faire sur un régime global et non de façon segmentaire sur les aliments. Utilisez cet outil pour vous donner des orientations et des idées d'associations pour naturellement équilibrer la charge acide de vos rations.

6. Recommandations nutritionnelles pour limiter la charge acide du golfeur

Voici des pistes simples pour équilibrer naturellement votre charge acide.

- **Augmentez votre consommation d'aliments alcalinisants.** Apportez, chaque fois que possible, des fruits et légumes dans vos repas :
  - deux à trois fruits par jour ;
  - un plat de « légumes verts » à un des deux repas de la journée ou répartis sur les deux repas, en association avec des protéines et/ou des féculents ;
  - évitez d'associer protéines et féculents (exemple : poisson et riz, viande et pâtes, fromages et pain...) sans y ajouter une grande quantité de légumes verts ;
  - mangez plusieurs fois par semaine des figues, raisins secs, pruneaux, etc.
- **Diminuez la quantité de protéines animales**.
- **Privilégiez les céréales semi-complètes ou complètes**.
- **Consommez des épices** (curcuma, cannelle, gingembre, etc.), des **herbes aromatiques** (basilic, ciboulette, estragon, romarin, sauge), des **oignons,** de **l'ail**.
- **Diminuez votre consommation de sel.**

- Autour de l'effort et comme conseillé dans la première partie, **consommez des eaux minérales riches en bicarbonates** et pauvres en sel.
- **Préférez les huiles biologiques** (colza, olive, cameline) **au beurre**.
- **Adoptez des habitudes simples** qui deviendront automatiques au fil du temps. Par exemple, ayez le réflexe dans votre assiette d'**associer les aliments acidifiants à des aliments alcalinisants**.
- ***Exemples d'associations conseillées :***
  - Viande + légumes verts
  - Fromage + salade et/ou fruit
- ***Exemples d'associations déconseillées :***
  - Les burgers : pain (céréales) + viande hachée (protéines animales) + fromage fondu
  - Les pâtes type carbonara : lardons + gruyère + œuf
  - Les saucisses + frites
- Lorsque vous faites ce type de repas, compensez avec un repas alcalinisant dans la même journée.
- **Essayez de compenser** l'ingestion d'une portion d'aliments acidifiants par deux portions d'aliments alcalinisants (1/3-2/3).
- **Prenez toujours en compte la quantité** d'aliment consommée.
- Par exemple, le PRAL du parmesan est très important (+27) mais une faible quantité est en général consommée pour agrémenter vos plats. En ajouter ne bouleversera pas la charge acide de votre repas et vous apportera beaucoup de plaisir, il serait donc dommage de s'en priver. En revanche, n'hésitez pas à compenser en agrémentant votre plat de quelques légumes supplémentaires (asperges, poireaux, etc.).
- **Évitez les cuissons à haute température.**
- **Maîtrisez votre stress**, il ne fera qu'entretenir votre état d'acidose.
- **Si nécessaire, supplémentez avec un complément alimentaire** à base de minéraux alcalinisants*.

* Voir ci-dessous « Prise en charge micronutritionnelle de l'acidose », p. 149.

En résumé, le golfeur ne doit pas chercher à supprimer les aliments acides ! L'objectif en nutrition sportive est de toujours tendre à une forme d'équilibre. Il est fondamental de diversifier son alimentation pour couvrir l'ensemble de ses besoins énergétiques.

Maintenir son équilibre acido-basique en compétition

Nous avons vu dans la première partie qu'avant, pendant et après la partie, les glucides (dont les céréales) dominent la ration. Pour ne pas apporter de charge acide trop importante avec les céréales, pensez à compenser ! Voici quelques suggestions.

- Accompagnez vos pâtes d'épinards (PRAL -10).
- Mettez des fruits secs dans votre riz au lait (raisins secs : -21, figue séchée : -18, abricot sec : -21).
- Ajoutez des légumes à votre salade de pommes de terre.
- Ajoutez une préparation à base de magnésium, potassium et calcium dans votre boisson de l'effort.

7. Prise en charge micronutritionnelle de l'acidose du golfeur

Vous avez désormais toutes les clés nutritionnelles pour inverser la tendance acide. Ces bases étant posées, allons plus loin en faisant un zoom sur certains micronutriments. La micronutrition va nous permettre de répondre encore plus précisément et plus en profondeur à cette problématique.

Neutraliser les acides

- **En aidant les enzymes de neutralisation à être plus efficaces.**
L'apport de cofacteurs tels que les vitamines du groupe B qui interviennent dans de nombreuses réactions enzymatiques où les sels alcalins sont impliqués : B1, B3, B5, B6. Le zinc est également un constituant incontournable de nombreuses enzymes actives dans le maintien de l'équilibre acido-basique.
- **En apportant directement des minéraux alcalinisants :** potassium, calcium, magnésium, etc.
- **En apportant des sels alcalinisants :** citrates, bicarbonates, etc.

Ces éléments doivent être apportés à dose physiologique (ou à des doses supérieures en cas de déficit avéré). Il est intéressant d'avoir recours à un complexe qui associera ces différents éléments aux doses recommandées.

Booster les voies d'élimination

Des molécules comme la N-acétylcystéine sont détoxifiantes au niveau pulmonaire qui représente un des trois systèmes « tampons ». Cependant, les compléments alimentaires en contenant n'ont pas le droit d'avoir cette allégation. Référez-vous donc à votre pharmacien ou au micronutritionniste qui vous suivra pour l'utiliser en toute sécurité.

Au niveau rénal, autre système « tampon », la phytothérapie vous offrira des options intéressantes. Privilégiez les plantes qui favorisent l'élimination des déchets acides tout en épargnant le potassium tels que l'orthosiphon. Une fois encore, soyez accompagnés dans vos choix : une plante diurétique qui entraînerait une fuite minérale aurait un effet contre-productif.

Agir sur les effets collatéraux

Le principal effet négatif de l'acidose métabolique chronique chez le golfeur sera d'entretenir un état inflammatoire. Qu'il soit de bas grade (ce qui signifie sans manifestation clinique apparente) ou localisé au niveau articulaire, tendineux ou autre, il nuira dans tous les cas à la performance du golfeur. Il faudra donc veiller à réduire cet effet avec une alimentation et des micro-nutriments à orientation anti-inflammatoire comme les oméga 3*.

Définition des plages d'indice PRAL

Valeur de l'indice PRAL	Potentiel acidifiant ou alcalinisant
De 0 à +5	Acidifiant FAIBLE
De +5 à +15	Acidifiant MOYEN
+15 et plus	Acidifiant FORT
De 0 à -5	Alcalinisant FAIBLE
De -5 à -15	Alcalinisant MOYEN
– 15 et en deçà	Alcalinisant FORT

Indice PRAL de quelques aliments acidifiants, par catégories[68]

	Aliments acides	PRAL (meq*/100 g)
Œufs	Œufs frais	7,47
	Omelette	7,93

* Voir partie II, ch. VI, « Les oméga 3 », p. 135.

Protéines végétales	Tofu	1,74
	Lentilles	2,15
	Pois chiches	2,56
Viandes	Canard	4,1
	Veau	9
	Jambon de porc	6,88
	Bœuf	7,8
	Poulet	8,7
	Dinde	9,9
	Porc	13,35
	Agneau	13,5
	Lapin	19
	Bacon	25
Poissons/crustacés	Palourde	5
	Bigorneau	5,8
	Hareng	7
	Cabillaud	7,1
	Sole	7,4
	Saumon	9,44
	Crevettes	10
	Maquereau	10,8
	Thon en conserve	12,7
	Sardines à l'huile	13,5
	Moules	15,3
Produits céréaliers	Pain farine complète	1,8
	Riz complet	2,1
	Pain farine blanche	3,7
	Riz blanc	4,6
	Farine de blé	8,2
	Flocons d'avoine	10,7
	Avoine	13,31

Laitages	Beurre	0,5
	Lait écrémé	0,7
	Lait entier	1,1
	Crème fraîche	1,2
	Lait de brebis	2,92
	Fromage blanc	11,1
Fromages	Mozzarella	6
	Brie	9,7
	Camembert	13
	Fromage de chèvre	16,5
	Raclette	18,38
	Gruyère	21,21
	Parmesan	34,2

* Milli-équivalent

Indice PRAL de quelques aliments alcalinisants[68]

	Aliments alcalinisants	PRAL (meq/100 g)
Légumes	Concombre	– 0,8
	Brocoli	– 1,2
	Oignon	– 1,5
	Endive	– 2
	Navet	– 3,07
	Poireau	– 3,25
	Haricot vert	– 3,1
	Aubergine	– 3,4
	Chou-fleur	– 4
	Pomme de terre	– 4
	Courgette	– 4,6
	Patate douce	– 4,7
	Carotte	– 4,9
	Artichaut	– 4,9
	Épinard	– 14
Fruits	Pomme	– 2,2
	Fraise	– 2,2
	Ananas	– 2,34
	Pêche	– 2,4
	Citron	– 2,6
	Orange	– 2,7
	Mangue	– 3,3
	Tomate rouge	– 3,7
	Kiwi	– 4,1
	Raisin blanc	– 4,5
	Abricot	– 4,8
	Banane	– 5,5
	Figue sèche	– 18,1
	Raisin sec	– 21

Les huiles végétales (colza, mais, olive, tournesol, etc.) ont un PRAL égal à 0.

IV. LE STRESS OXYDANT

Il suffit d'entrer dans une pharmacie, une parapharmacie ou de consulter un site de vente en ligne de compléments alimentaires pour comprendre le marché que représente la complémentation en antioxydants. Que vous soyez au rayon de la protection solaire, de l'anti-âge, de la minceur ou du sport, vous aurez systématiquement la proposition d'une solution à base d'antioxydants. Les sportifs (dont les golfeurs) font partie des grands consommateurs de ces produits, il est donc temps de faire le point !

1. Le stress oxydant, de quoi s'agit-il ?

Notre organisme est soumis à des agressions permanentes à la fois externes (environnementales) et internes (production de molécules réactives) qui entraînent une oxydation de nos cellules via les « radicaux libres ».

L'oxydation, un processus normal

Dans tous les processus naturels (respiration, digestion, détoxication hépatique, efforts musculaires...) nous produisons des radicaux libres. Ces molécules réactives vont communiquer en cascade leur instabilité et entraîner l'oxydation de structures essentielles. Leur rôle est toutefois indispensable dans l'organisme car les radicaux libres participent à :

- la destruction des cellules défectueuses (dont les cellules précancéreuses) ;
- la régulation de la pression artérielle ;
- la protection contre les infections virales, bactériennes, etc.

Cependant, cette instabilité doit être maîtrisée au risque de créer un stress pathologique. Pour cela des éléments « antioxydants » produits par notre organisme et apportés par l'alimentation assurent un état d'équilibre relatif.

Chez le golfeur

Cette exposition radicalaire va l'aider dans sa progression en participant aux phénomènes d'adaptation. À terme, il développera une meilleure réponse à l'entraînement avec notamment une amélioration de la VO_2 max[73]. Aussi, au fil des entraînements, le golfeur rendra ses systèmes de défense de plus en plus efficaces pour répondre à la quantité importante de radicaux libres générés à l'effort[74].

Cependant, bien que la nature soit très bien faite et que nous soyons programmés pour gérer cet excès de production, l'environnement dans lequel nous évoluons entraîne souvent un dépassement de nos systèmes de défense.

Les systèmes de défense

Certains proviennent de notre organisme : ils sont enzymatiques (SOD, GPX) ou non enzymatiques (glutathion, coQ10, etc.).

D'autres sont fournis par l'alimentation. Ce sont des vitamines (C, E), le bêta-carotène ou provitamine A, des minéraux (sélénium, zinc, manganèse, cuivre, fer, etc.), des acides aminés (cystéine, méthionine, taurine, etc.) et d'autres molécules (sulforaphane de brocoli, coQ10, etc.).

L'excès de radicaux libres : le stress oxydant

Lorsque les phénomènes oxydants sont plus importants que nos moyens de « défense », se crée alors un état de déséquilibre appelé « stress oxydant » impliqué dans des processus lourds de conséquences :

- **l'inflammation,** qui nous intéressera particulièrement chez le golfeur ;
- **le vieillissement** prématuré de l'organisme : il convient également de l'éviter afin de pouvoir jouer longtemps dans un bon état de santé général[75] ;
- **la cancérisation,** qui concerne tout individu, golfeur ou non.

Mais aussi dans les pathologies :

- **oculaires :** DMLA, cataracte, œil sec, etc. ;
- **cérébrales :** Alzheimer, etc. ;
- **vasculaires :** athérosclérose, etc. ;
- **articulaires :** arthrose, etc. ;
- **métaboliques :** diabète de type II, etc.

Comme vous l'aurez compris, les radicaux libres sont essentiels à notre fonctionnement mais peuvent devenir pathologiques quand ils sont en excès. Une fois encore, la recherche de l'équilibre reste au cœur de la prise en charge du golfeur. L'enjeu sera donc de lutter contre le stress oxydant pour prévenir des perturbations et blessures qui seraient incompatibles avec la réalisation de performances.

2. Causes et conséquences d'un stress oxydant chronique chez le golfeur

Les causes non sportives d'un stress oxydant chez le golfeur

Le niveau d'exposition aux radicaux libres est très variable en fonction du mode de vie de chacun et les conséquences sont difficilement prédictibles.

Parmi les causes avérées, on recense :

- le tabagisme, qu'il soit actif ou passif[76] ;
- la consommation d'alcool ;
- l'ingestion de matières grasses oxydées ;

- l'exposition aux UV ;
- l'exposition aux polluants (ville *vs* campagne)[77] ;
- une alimentation pauvre en antioxydants ;
- la consommation régulière de médicaments ;
- la surcharge en fer ;
- l'inflammation chronique.

Il n'est malheureusement pas toujours possible d'avoir une emprise sur certaines de ces causes...

Le sport, protecteur ou pro-oxydant ?

Le lien entre sport et stress oxydant est une problématique très souvent abordée lorsque l'on traite de l'optimisation de la performance chez le sportif. Ce lien est-il avéré ? Le sport est-il protecteur ou au contraire expose-t-il le golfeur à un stress oxydant supplémentaire ? Faisons le point.

Un golfeur, a fortiori un compétiteur, cumule des entraînements techniques réguliers, des parties d'entraînement et une préparation physique parfois intensive. Toutes ces activités concourent à une augmentation du métabolisme et de la consommation d'oxygène. Comme je l'ai mentionné plus haut, chaque respiration entraîne la production de radicaux libres.

Plus l'effort est intense, plus le risque de dépassement de nos systèmes de défense et donc le risque de stress oxydant augmente. A contrario, une activité d'intensité modérée comme le golf favorise notre production naturelle d'antioxydants et aurait de ce fait un effet protecteur.

En résumé, tout est une question d'intensité de l'effort. Le golfeur amateur qui s'exerce au practice avant de faire un 18 trous tirera un bénéfice antioxydant de son activité. Le golfeur de haut niveau quant à lui, s'il est en phase de préparation physique intense et que les entraînements s'enchaînent à un rythme soutenu, générera plus de radicaux libres que l'amateur. À mode de vie équivalent, le joueur de haut niveau aura un risque de stress oxydant plus élevé que l'amateur[78].

Les répercussions visibles d'un SO chez le golfeur

Le SO pourra être impliqué dans :

- l'augmentation du risque de blessures musculaires, tendineuses, articulaires, etc. ;
- les douleurs musculaires ;
- la fatigabilité précoce ;
- la récupération plus longue, moins efficace ;
- l'essoufflement ;
- les troubles intestinaux, hépatiques.

Toutes ces atteintes à l'origine de contre-performances peuvent être extrêmement pénalisantes lors d'un tournoi. Alors comment les prévenir ? par la nutrition ? les compléments alimentaires ? Voyons cela ensemble !

3. Faut-il avoir recours aux compléments alimentaires ?

Il peut paraître inhabituel pour une micronutritionniste de se poser la question de l'intérêt d'une complémentation dans le cadre d'une problématique aussi essentielle que le stress oxydant. La question est en réalité complexe et les études révèlent souvent des résultats discordants.

Dans le cadre d'un entraînement sportif, un stress oxydant chronique nuit entre autres aux capacités d'adaptation des muscles[79] et à la récupération entre les séances[80]. Il serait donc logique de vouloir apporter des compléments alimentaires riches en antioxydants pour corriger ce stress et revenir à un état d'équilibre.

Certaines études montrent d'ailleurs l'intérêt d'une complémentation dans l'optimisation de la contraction musculaire[81]. A contrario, d'autres études ont montré qu'apporter des antioxydants sous forme de complément alimentaire aurait un effet néfaste. C'est par exemple le cas dans le phénomène d'adaptation cellulaire à l'effort qui concerne tout sportif. Le caractère bénéfique ou toxique des antioxydants est directement lié à la dose administrée.

Les antioxydants, à manier avec précaution

Les antioxydants agissent en synergie, en chaîne. Certains compléments alimentaires commercialisés sont composés d'un seul élément de ce système et à forte dose : vitamine C, E ou bêta-carotène... Les consommer individuellement et à forte dose entraîne une perturbation du système global. Certains minéraux naturellement antioxydants deviennent pro-oxydants lorsqu'ils sont consommés en excès : fer, cuivre, manganèse, etc.
Certaines associations sont déconseillées : le zinc associé au cuivre peut devenir pro-oxydant.

En guise de réponse

- **Dans le cas d'une activité physique aiguë** telle qu'un tournoi de plusieurs jours avec partie et entraînement chaque jour, la complémentation en antioxydants pourra être une aide mais ne sera pas indispensable. Vous pourrez en trouver dans les boissons de récupération dédiées au sportif. Si le golfeur a suivi un plan nutritionnel adapté, il utilisera ses propres lignes de défense pour gérer cette quantité accrue de radicaux libres. S'ensuivra une amélioration de ses mécanismes de récupération et d'adaptation à l'effort.

- **Dans tous les cas,** aucune supplémentation ne sera mise en place avant d'avoir apporté des modifications sur le plan nutritionnel. Une alimentation bien pensée peut naturellement vous fournir des apports en antioxydants significatifs. Au-delà du choix des aliments, d'autres paramètres seront à prendre en compte, tels que le mode de cuisson (pour qu'ils soient préservés), la bonne santé de notre barrière intestinale (pour qu'ils soient bien assimilés), etc.
- **En dehors des tournois et sous certaines conditions**, un complément alimentaire pourra être légitime :
  - après plusieurs semaines d'une alimentation adaptée ;
  - après évaluation du mode de vie et du risque d'oxydation accru et chronique.
- **La complémentation sera principalement envisagée chez le golfeur** :
  - ayant en parallèle une préparation physique intense et régulière et/ou des phases de récupération insuffisantes ;
  - senior ;
  - ayant des facteurs favorisants : tabac, environnement pollué, exposition aux UV, maladie chronique comme le diabète, etc.
- **La supplémentation devra être mise en place par un micronutritionniste compétent** qui prendra en compte le terrain et les antécédents du sportif. Un « cocktail » alliant différents antioxydants aux doses physiologiques sera privilégié.
- **En cas de stress oxydant avéré** (par un bilan biologique) et engageant des déficits en micronutriments, une complémentation spécifique pourra être recommandée.

La stratégie micronutritionnelle concernant le stress oxydant devra être accompagnée pour ne pas risquer un effet contre-productif, voire nocif. Tout est question d'équilibre, celui-ci étant essentiel pour éviter le vieillissement prématuré, favoriser les performances et prévenir les blessures. La solution micronutritionnelle consistera à agir en priorité sur la cause du stress oxydatif en apportant des éléments nutritionnels de choix.

4. Prendre en charge le golfeur « oxydé »

Les angles d'attaque

L'objectif est de venir soutenir nos lignes de défense et de réduire les effets collatéraux, soit la même démarche que pour rétablir l'équilibre acido-basique.

On cherchera à rebooster nos enzymes antioxydantes en apportant des cofacteurs (cuivre, sélénium, manganèse, etc.) et des molécules stimulant leur expression (curcumine, sulforaphane, etc.). En parallèle, on veillera à augmenter nos apports alimentaires en substances antioxydantes. Enfin, on luttera contre l'état inflammatoire de bas grade induit par un stress oxydant prolongé avec des acides gras oméga 3 anti-inflammatoires.

La bonne nouvelle : vous pourrez trouver toutes ces formidables ressources... dans votre assiette ! Construisons donc l'assiette antioxydante !

L'assiette antioxydante

Une consommation quotidienne de fruits, légumes, épices et herbes aromatiques offre une large palette d'antioxydants. Dans un contexte sans facteurs favorisants le stress oxydant, il est tout à fait possible de consommer suffisamment d'antioxydants via votre alimentation pour préserver un état d'équilibre.

Si vous le pouvez, favorisez les produits biologiques. Ils auraient tendance à être plus riches en antioxydants que leurs équivalents traités car le végétal biologique a développé plus de molécules de défense dont les antioxydants peuvent faire partie.

Un indice a été développé pour connaître le pouvoir antioxydant d'un aliment : **l'indice ORAC**. Plus il est élevé, plus l'aliment a un pouvoir antioxydant important. Les besoins journaliers sont estimés entre 3 000 et 5 000 unités ORAC pour assurer une protection cellulaire anti-radicalaire.

Valeurs ORAC des principaux aliments riches en antioxydants[82]

Aliment	Valeur ORAC (pour 100 g)
Cannelle moulue	131 420
Curcuma	127 068
Baie d'açaï (Amazonie)	102 700
Poivre noir	27 618
Chocolat noir (plus de 70 % de cacao)	20 816
Mûre	19 220
Noix	13 541
Artichaut	9 416
Canneberge (cranberry)	9 090
Prune	6 083
Ail	5 708
Framboise	5 065
Grenade	4 479
Amande	4 454
Figue	3 383
Brocoli cuit	2 160

Il ne faut pas négliger que ces valeurs sont basées sur la consommation de 100 g de produit. Les épices, par exemple, ont un ORAC très important mais elles sont utilisées en très faible quantité. Consommées au quotidien, aux principaux repas, elles contribuent significativement à l'assiette antioxydante.

Les principaux antioxydants et les sources alimentaires

Antioxydant		Sources
Caroténoïdes	Lycopène	Tomate, pamplemousse rose, melon d'eau
	Lutéine	Jaune d'œuf, maïs, légumes à feuilles vertes (épinards, roquette, cresson, etc.)
	Carotène	Courge, carotte
	Zéaxanthine	Maïs
	Astaxanthine	Crustacés (couleur rose)
	Bêta-carotène	Carotte, abricot, mangue, patate douce et les légumes vert foncé, persil, cresson
Vitamine A	Produits d'origine animale : foie, viande, poisson, lait entier, beurre, œuf, fromage	
Vitamine C	Cassis, agrumes (citron, orange, clémentine, pamplemousse), cerise, kiwi, baies, mangue, chou-fleur, fraise, framboise, oignon, asperge, brocoli, pomme de terre, betterave, poivron	
Vitamine E	Huile de germe de blé, d'olive, de colza, de carthame, de soja, de noix, amande, avocat	
Composés soufrés des alliacés	Poireau, oignon, ail	
Polyphénols	Ils sont principalement apportés par les fruits et légumes de couleur rouge, mauve, bleu foncé mais aussi : la pomme, l'orange et tous les fruits à pépins et noyaux, les légumes et les aromates : l'ail, l'oignon, les herbes, les boissons : thé vert, café, vin rouge, jus de fruits et de légumes frais et/ou fermenté, cannelle, gingembre, curcuma, thym, origan, etc.	
Lignanes	Graine de sésame, son, légumes	
Sélénium	Viandes, poissons (sardines), fruits de mer, abats (boudin noir, foie, rognons), crevettes, lait, œufs, oignons, ail, céréales complètes, épinards, champignons, choux, asperges et les fruits oléagineux : noix du Brésil principalement	
Zinc	Huîtres, foie de veau et de porc, germes de blé, pain complet, lait, fruits à coque	
Cuivre	Fruits de mer, viande maigre, fruits à coque (noix, noisette...), légumineuses	

Co-enzyme Q10 ou ubiquinone	Huile de soja, sardine, maquereau, viande de bœuf, poulet, céréales complètes
L'acide alpha-lipoïque	Épinards, rognons, cœur, viande de bœuf, brocolis
Glutathion	Fraise, asperge

N.B. *– L'absorption optimale du bêta-carotène des végétaux nécessite la présence de matières grasses. Pensez à ajouter une ou deux noix mixées ou quelques gouttes d'huile d'olive dans votre jus de carottes.*

Liste de course antioxydante

Légumes	Fruits	Épicerie
Artichaut Asperge Patate douce Poivron jaune, vert, rouge Épinard Brocoli Choux de Bruxelles Carotte Tomate Haricot	Agrumes : orange, clémentine, citron, pamplemousse Fruits rouges : fraise, groseille, cassis... Melon Raisin Abricot Mangue Pastèque Prune Pomme Pêche Cerise	Pain complet Céréales complètes Germes de blé Légumes secs : lentilles, pois cassés, haricots secs... Thé vert Épices : gingembre, curcuma, cannelle...

Produits frais	Matières grasses	Produits laitiers
Huîtres et crustacés Bœuf Veau Rognons Poissons gras : sardines, maquereaux Œufs Poulet	Huile d'olive Huile de colza Beurre Fruits oléagineux : noix, noisettes, amandes...	Lait entier Comté Gruyère, emmental

5. Recommandations pour une alimentation antioxydante

Les recommandations qui suivent s'adaptent à tous les golfeurs, quels que soient leur âge et leur niveau de jeu.

- **Mettez de la couleur dans votre assiette :** fruits et légumes frais colorés.
- **Variez votre alimentation** pour avoir un cocktail d'antioxydants différents et synergiques.
- **Privilégiez quotidiennement les fruits et légumes :**
  - de saison ;
  - cueillis à maturité ;
  - de proximité (pour diminuer leur durée de conservation et ainsi préserver un maximum de nutriments mais également pour des raisons écologiques) ;
  - de préférence biologique, ce qui vous permettra de consommer la peau souvent riche en **pigments antioxydants.**
- **Ajoutez dès que possible de la saveur** grâce à des éléments hautement antioxydants : ail, oignons, épices, herbes aromatiques...
- **Consommez chaque jour** une céréale complète ou semi-complète.
- **Consommez sur une semaine :**
  - des légumineuses : trois fois (lentilles corail, pois cassés, pois chiches, haricots azuki) ;
  - des poissons gras de petite taille : deux fois (sardine, maquereau...) ;
  - des crucifères : au moins une fois (chou, brocoli, chou de Bruxelles).
- **Consommez des matières grasses :**
  - de qualité : huile d'olive, colza, noix, etc. ;
  - extraites à froid ;
  - biologiques de préférence ;

- conservées à l'abri de la lumière (dans un flacon en verre fumé ou dans un placard) pour les protéger de l'oxydation ;
- sans les faire fumer à la cuisson (toutes les huiles ne supportent pas d'être chauffées).

La conservation et la cuisson agissent directement sur la teneur en oxydants des aliments consommés. Pour préserver au maximum leurs propriétés nutritionnelles et garantir un apport intéressant d'antioxydants, voici quelques recommandations.

- **Précautions pour la conservation**
  - Consommez les produits frais, le plus tôt possible après la récolte.
  - Évitez le trempage prolongé.
  - Épluchez le plus finement possible, voire conservez la peau des fruits et légumes dès que possible : pour les produits issus de l'agriculture biologique uniquement.
- **Précautions pour la cuisson**
  - Évitez les cuissons à haute température.
  - Évitez les barbecues.
  - Limitez les cuissons dans de grands volumes d'eau, préférez la cuisson vapeur, à l'étouffée ou au wok.
  - Cuisez doucement sur une courte durée, sans prolonger inutilement le temps de cuisson (ceci est également valable pour les matières grasses).
- **Faites le choix de boissons antioxydantes :** thé vert, café, vin rouge... en quantité adaptée.

En cas de stress oxydant suspecté, en plus des recommandations précédentes :

- **Privilégiez les aliments riches en antioxydants :** à choisir dans le tableau précédent (jus de fruits et légumes frais, épices, cacao, crucifères, noix).
- **Éventuellement, ajoutez un complément alimentaire à base d'antioxydants** à doses physiologiques, sur avis du

pharmacien ou du médecin uniquement. Faites une cure de 20 à 30 jours, en une prise, le soir, au cours du repas.

Conclusion

Quel que soit votre niveau de pratique, le golf ne devra jamais être perçu comme une activité néfaste du point de vue de l'oxydation. Si l'on vous diagnostique (grâce à certains marqueurs) un état oxydatif, partez du principe que celui-ci ne sera jamais simplement imputable à vos activités physiques. Si vous êtes un très grand sportif, votre entraînement pourra participer à cet état oxydatif mais il ne sera pas le seul responsable. Il ne sera que l'amplificateur ou le révélateur d'un problème de santé préexistant.

Chacun de nous est exposé, à des degrés différents, à des facteurs environnementaux initiateurs d'un stress oxydant. Dans l'optique d'une prévention santé et afin de limiter le risque de développement de maladies liées au vieillissement (qui concerne tout le monde !), intervenons avec le plus précieux des outils mis à notre disposition : la nutrition.

Le golfeur, pour pouvoir pratiquer son sport de manière durable en limitant le risque de survenue de blessures, devra accorder une grande importance à cet aspect. L'assiette antioxydante sera alors une alliée incontournable. En ayant un statut nutritionnel optimal, vous permettez à vos cellules de **contrôler ce stress oxydant** et favorisez ainsi votre **adaptation cellulaire à l'effort**.

En aucun cas, nous ne devons chercher à étouffer ces phénomènes d'oxydation. Ce bruit de fond radicalaire demeurant essentiel à la vie.

V. LES TROUBLES DIGESTIFS DU GOLFEUR

Au cours de sa vie de golfeur, chaque joueur a déjà été confronté à une situation d'inconfort intestinal. Pour certains, ces troubles intestinaux non pathologiques sont tellement fréquents qu'ils sont devenus une normalité qu'ils doivent gérer au quotidien.

Contrairement à certains sports comme la course longue distance[83], le trail ou le cyclisme, le golf est un sport qui ne perturbera pas directement l'équilibre intestinal du joueur.

En revanche, il est très important de traiter ce sujet car certaines manifestations d'un dérèglement intestinal peuvent être très gênantes durant un tournoi et affecter notamment la concentration et le plaisir de jouer. Il peut également avoir des répercussions insoupçonnées sur des aspects qui impacteront directement votre jeu et que nous allons détailler dans cette partie.

Voyons donc comment l'équilibre intestinal conditionne les plus grandes fonctions et pourquoi le golfeur devra en prendre le plus grand soin.

1. Qu'est-ce que le microbiote ?

Notre système gastro-intestinal est la plus grande surface (200 à 300 m^2, soit l'équivalent d'un terrain de tennis !) en contact avec l'environnement. Il fait le lien entre le monde extérieur et nos cellules et constitue de fait le siège d'étapes indispensables à un statut nutritionnel optimal.

Les recherches portant sur l'influence de notre intestin sur l'organisme étant en plein essor ces dernières années, de nouveaux concepts émergent. Expliquons-les en toute simplicité.

L'écosystème intestinal

Aujourd'hui, quand on traite de l'intestin, on entend plutôt écosystème intestinal. Dans l'intestin, on distingue trois composants liés les uns aux autres et qui agissent ensemble, en équilibre (quand tout va bien !) pour assurer les multiples fonctions intestinales et un bon état général.

- **La muqueuse** : elle est composée de cellules intestinales entièrement renouvelées tous les 4 à 6 jours. Serrées les unes contre les autres, elles recouvrent l'intestin en ne formant qu'une seule couche permettant le passage sélectif de molécules.
- **Un système immunitaire local** : plus de 70 % de nos lymphocytes (cellules de défense immunitaire) naissent, mûrissent et se spécialisent au niveau de l'intestin.
- **Une flore microbienne** aussi appelée « **microbiote** ». Notre intestin héberge environ 100 000 milliards de bactéries. Plus de 500 espèces cohabitent (dont 99,9 % de bactéries) et interagissent avec l'hôte. La proportion de chaque espèce est propre à chaque individu et dépend notamment de notre alimentation : nous avons tous une flore différente[84].

Ces trois éléments sont en interaction permanente[85] et c'est le bon fonctionnement de chacun qui détermine la bonne santé de l'écosystème intestinal. Sa perturbation nuira à la performance du golfeur.

2. L'intestin, un organe connecté aux rôles multiples

L'intestin est un organe dynamique qui lorsqu'il est bien nourri assure de nombreuses fonctions.

Rôle de digestion[85]

La digestion de la ration alimentaire commence dans la bouche et se termine, après une succession d'étapes, au niveau intestinal. Pendant tout son trajet dans le système digestif, nos aliments ont été déconstruits pour être réduits à l'état de : vitamines, minéraux, acides gras, sucres simples, acides aminés... Ils sont alors assimilés au niveau de l'intestin, passent dans le sang et sont utilisés pour faire fonctionner l'organisme du sportif et construire des éléments essentiels à sa progression. Par exemple le magnésium et le calcium serviront à la contraction musculaire, les sucres simples à la production d'énergie, les acides aminés à la construction musculaire...

Le bon fonctionnement de ce système dépendra de la muqueuse intestinale (siège de l'assimilation) et du microbiote qui participe à la digestion et à la fermentation des aliments.

Si le golfeur a une assiette optimale mais qu'il présente des déficits nutritionnels, l'origine du problème se trouvera peut-être dans cet écosystème intestinal qui n'aura pas pleinement rempli ses fonctions.

L'effet barrière[85]

La muqueuse constitue une barrière mécanique et la flore intestinale s'oppose à l'implantation excessive de bactéries pathogènes pour l'organisme. Quand l'écosystème intestinal se porte bien, ne passe dans le sang que ce qui est accepté et utile à notre organisme !

La modulation du système immunitaire[85]

L'intestin est le premier organe immunitaire de l'organisme. Le système immunitaire lié à l'intestin nous protège contre l'envahissement de virus, bactéries, parasites, etc.

Il permet également la tolérance vis-à-vis notamment des protéines alimentaires. Cela signifie qu'il évite une réaction excessive de l'organisme lorsque l'on ingère des aliments non reconnus par le « soi ». Quand la tolérance fonctionne mal, les intolérances alimentaires et les maladies inflammatoires chroniques de l'intestin peuvent apparaître[86].

La régulation du transit

Un transit régulier constitue une base pour le confort intestinal qui sera cher au golfeur. Il faut savoir que le microbiote est le régulateur principal du mouvement intestinal[87]. Le transit peut être ralenti, accéléré ou les deux, en alternance. C'est le signe d'alerte le plus facilement identifiable d'un potentiel dysfonctionnement de l'écosystème intestinal.

La fonction « cerveau »

Vous l'avez entendu de nombreuses fois, la muqueuse intestinale est aussi souvent nommée « second cerveau » car elle est intègre environ 500 millions de neurones. Lorsqu'une liaison nerveuse part du cerveau vers l'intestin, neuf reviennent de l'intestin vers le cerveau ! Ces deux organes communiquent étroitement et en permanence[88]. De plus l'intestin est le siège de la production de certains neurotransmetteurs dont nous parlerons dans la partie consacrée.

Les études se multiplient quant au rôle joué par l'écosystème intestinal dans le syndrome dépressif[89] (95 % de la sérotonine est produite dans l'intestin), l'anxiété[90], les troubles du comportement alimentaire, la douleur, l'autisme[91], etc. Un déséquilibre au niveau intestinal peut perturber la signalisation intestin-cerveau de même qu'un stress cérébral peut affecter la fonction intestinale et modifier la flore. D'intéressantes découvertes nous attendent encore !

L'écosystème intestinal serait également impliqué dans d'autres processus tels que le développement du cancer du côlon, l'obésité, le diabète, la formation de lithiase biliaire...

On sait à quel point les fonctions mentales sont importantes au golf. Les liens étroits entre intestin et cerveau nous encouragent une fois de plus à prendre le plus grand soin de notre intestin.

3. L'hyperperméabilité intestinale : un frein à la performance

Quand un dysfonctionnement de l'écosystème intestinal (aussi appelé « dysbiose ») dure dans le temps et se développe, il peut conduire à un état d'hyperperméabilité intestinale (HPI).

Comme nous l'avons vu, l'intestin est recouvert d'une muqueuse étanche, constituée de cellules collées entre elles grâce aux jonctions serrées. Une muqueuse intègre laisse passer sélectivement les nutriments utiles et quelques molécules non désirées responsables d'un bruit de fond immunitaire utile à notre organisme.

Quand la muqueuse est « agressée », les jonctions serrées sont atteintes et laissent passer de grosses molécules (dont les protéines alimentaires) dans le sang qui déclenchent alors une réaction de notre système immunitaire.

L'effet principal est une réaction inflammatoire :

- **au niveau local :** douleurs abdominales, troubles fonctionnels intestinaux, troubles du transit, etc.
- **à distance :** tendinites, douleurs articulaires, etc.

Ces troubles peuvent être très pénalisants pour le golfeur aussi bien à l'entraînement qu'en compétition.

4. Suis-je concerné par un déséquilibre intestinal ?

Si vous êtes suivi par un micronutritionniste, des moyens existent pour détecter une hyperperméabilité intestinale comme les questionnaires spécialisés et certains examens biologiques. En attendant, vous pouvez vous faire votre idée. Si vous répondez par la positive **à plusieurs des questions suivantes**, vous êtes susceptibles de présenter une hyperperméabilité intestinale

Êtes-vous sujets :

- **aux troubles fonctionnels intestinaux** : inconfort digestif, ballonnements, troubles réguliers du transit (diarrhées, constipation chronique, alternance diarrhées/constipation), syndrome de l'intestin irritable, inflammations intestinales ?
- **aux troubles digestifs pendant ou après** votre séance de sport ?
- **aux troubles inflammatoires chroniques extra-digestifs** : tendinites récidivantes, troubles ostéo-articulaires, douleurs musculaires chroniques ?
- **aux pathologies inflammatoires et/ou des troubles de l'immunité** : bronchites, asthme, otites, sinusites ou rhinites à répétition, rhume des foins, polyarthrite rhumatoïde, maladie de Crohn, rectocolite hémorragique[92] ?
- **aux migraines, à l'eczéma, aux intolérances alimentaires[93]**, à la maladie cœliaque, aux infections à répétition ?
- **à l'obésité ?**

L'hyperperméabilité intestinale ne sera pas toujours la cause principale de ces troubles mais vous retirerez toujours un bénéfice à la prendre en charge. Si vous avez des troubles digestifs persistants et/ou des symptômes à distance parmi la liste ci-dessus, demandez conseil à votre médecin. Après avoir écarté une pathologie digestive, une prise en charge micronutritionnelle complémentaire à votre traitement allopathique (s'il est nécessaire) vous sera de la plus grande utilité. De plus en plus de gastro-entérologues intègrent la micronutrition à leur prise en charge pour le plus grand confort des patients.

5. Les causes possibles

Parmi les causes pouvant altérer la muqueuse intestinale et les jonctions serrées, on retrouve :

- les déséquilibres alimentaires : une alimentation pauvre en produits végétaux, en fibres et/ou riche en graisses saturées et en sucres à IG élevé[85] ;
- les déficits micronutritionnels : le manque de zinc, magnésium et vitamine D altère la qualité des jonctions serrées ;
- le déficit en acides gras oméga 3 ;
- l'acidose métabolique ;
- le stress oxydant ;
- une nutrition inadaptée à l'effort ;
- l'excès d'activité physique (ultra-endurance) ;
- la prise de certains médicaments avec, en tête de liste, les antibiotiques, mais aussi les anti-inflammatoires non stéroïdiens, les inhibiteurs de la pompe à protons, les anti-diarrhéiques, les laxatifs, etc. ; ces médicaments sont régulièrement consommés par les golfeurs présentant des troubles fonctionnels intestinaux, ce qui les soulage dans l'immédiat mais ne résout pas le problème de fond.

- le stress chronique (via une élévation du cortisol) ;
- l'excès d'alcool.

6. Prise en charge micronutritionnelle, conseils aux golfeurs

Elle devra être individualisée à chaque joueur, c'est pourquoi on s'intéressera principalement aux axes de prise en charge. Parmi les compléments que je vais vous citer, tous ne vous seront pas utiles ni adaptés. Toute complémentation doit être proposée après un bilan personnalisé. Voici les axes sur lesquels travaillera le micronutritionniste.

Réduire l'inflammation de bas grade intestinale

- Limiter l'inflammation avec des produits naturels :
  - la phytothérapie : curcuma, harpagophytum, boswelia, réglisse, etc. ;
  - les probiotiques : certains ont des vertus anti-inflammatoires ;
  - les oméga 3 : mélange EPA + DHA*.
- Augmenter les apports en nutriments antioxydants : sélénium, vitamines A, C, E.
- Améliorer la digestion des aliments : enzymes (lactases, cellulases).

Cicatriser la paroi intestinale

- « Nourrir » les cellules intestinales : glutamine, collagène, etc.
- Stimuler les cellules intestinales pour un renouvellement optimal : zinc, vitamines A, D, etc.
- Améliorer la structure des cellules intestinales : oméga 3, etc.
- Favoriser la cicatrisation : *Porphyra umbilicalis* (algue rouge qui augmente l'expression des HSP), thé vert, etc.

* Voir plus loin, ch. VI « Les oméga 3 », p. 135.

Renforcer la flore intestinale

Une flore intestinale résidente déséquilibrée ou insuffisante pourrait être palliée par l'ingestion de micro-organismes vivants : les probiotiques.

Faites le choix de souches adaptées à votre situation et consommez-les en quantité suffisante. Choisissez des marques commercialisant des souches vivantes et micro-encapsulées pour qu'elles ne soient pas dégradées lors du passage dans l'estomac.

L'offre est immense sur le marché et la qualité des produits proposés pas toujours au rendez-vous alors faites-vous bien conseiller !

7. Recommandations pour le golfeur

- En cas d'inflammation intestinale (diarrhées, alternance diarrhées/constipation, douleurs...), évitez ponctuellement les aliments irritants : céréales complètes, légumineuses, végétaux à fibres dures ou peu murs, graisses cuites... Les réintroduire progressivement dès que possible (sauf les graisses cuites).
- En dehors des épisodes aigus, consommez quotidiennement des aliments riches en fibres.
- Mangez lentement, mâchez suffisamment, aussi bien en dehors que pendant la partie. La digestion commence dès la première bouchée grâce à l'action des enzymes salivaires, chaque étape compte pour une bonne digestion ! Soyez particulièrement attentif à cette règle si vous êtes sujets aux ballonnements.
- Hydratez-vous correctement, sans trop boire pendant les repas, avec une boisson pas trop froide.
- Consommez des produits riches en oméga 3.
- Évitez la consommation régulière de glucides à IG élevé.
- Évitez l'excès de protéines animales.

- Veillez à avoir une alimentation antioxydante et alcalinisante, détaillée dans les parties précédentes.
- Consommez les fruits à distance du repas.
- Finissez votre repas au minimum trois heures avant le début de la partie.
- Habituez votre intestin à manger et à vous hydrater en partie d'entraînement.
- Ne consommez pas de boissons de l'effort trop sucrées pendant la partie.
- Évitez de prendre des AINS (anti-inflammatoires non stéroïdiens) avant la partie.
- Évitez la consommation de caféine juste avant la partie si vous êtes sensible au niveau intestinal car elle accélère le transit[94].

L'équilibre de l'écosystème intestinal est essentiel à un bon état de santé et à la réalisation de performances. Notre mode de vie actuel avec son alimentation acidifiante, déséquilibrée en acides gras essentiels, le stress, les médications ne favorisent pas le maintien de cet équilibre.

Il sera pourtant essentiel au golfeur :

- qui doit assimiler au mieux les nutriments de son assiette car : ils fournissent de l'énergie, construisent un corps fort et permettent la production de neurotransmetteurs qui favoriseront les performances mentales ;
- qui ne doit pas être sujet aux douleurs inflammatoires chroniques ou récidivantes : tendinites, douleurs articulaires, musculaires, etc. ;
- qui ne doit pas être plus vulnérable que la population générale aux infections.

S'assurer du bon fonctionnement de l'écosystème intestinal et le préserver sera en ce sens le point de départ de toute démarche nutri et micronutritionnelle.

VI. LES OMÉGA 3 : POURQUOI SONT-ILS INDISPENSABLES AU GOLFEUR ?

1. Que sont les oméga 3 ?

Dans la première partie, nous nous sommes intéressés aux deux premières classes de nutriments : les glucides et les protides. Les lipides constituent la troisième classe. Parmi les lipides, on s'intéressera particulièrement à une famille indispensable à l'équilibre nutritionnel du joueur : les **oméga 3**.

Les grandes familles d'acides gras sont définies par leur structure chimique et en particulier leur nombre de doubles liaisons. Leurs propriétés dans l'organisme sont directement liées à leur structure. De ces connaissances naîtront des choix nutritionnels optimisés pour le golfeur.

Les acides gras saturés

Leur chaine linéaire ne contient pas de double liaison ce qui donne une rigidité aux structures qui en contiennent. Ils sont indispensables à l'équilibre lipidique du sportif mais ne doivent pas être consommés en excès au risque de trop rigidifier les membranes et limiter les échanges cellulaires.

Le plus connu d'entre tous est le **cholestérol** car il représente jusqu'à 50 % des lipides de nos membranes cellulaires, ce qui leur confère leur résistance. Il est indispensable au niveau structural mais également fonctionnel car il est le précurseur des hormones stéroïdiennes et de la vitamine D.

Longtemps mis en cause dans les troubles cardiovasculaires, on sait aujourd'hui que le taux de cholestérol total n'est pas un facteur prédictif fiable[95]. Il est plus pertinent de prendre en compte séparément le LDL-cholestérol dont l'augmentation représente un facteur de risque et le HDL-cholestérol qui, lui, est protecteur.

Les acides gras mono-insaturés

Il y a une double liaison dans leur structure chimique. Ils sont très intéressants dans la prévention des maladies cardio-vasculaires, le maintien de la glycémie, la prise en charge de l'atopie, notamment.

Les acides gras poly-insaturés

On compte plusieurs doubles liaisons dans leur structure. Le positionnement de la première double liaison sur l'acide gras l'affilie à une famille. Par exemple, si la première double liaison d'un acide gras poly-insaturé est sur le sixième atome de carbone, il appartiendra à la famille des oméga 6. Ces considérations chimiques peuvent vous paraître assez anecdotiques mais c'est de ces différences structurales que s'exprimeront des propriétés différentes et très utiles au golfeur.

Parmi les acides gras insaturés, certains sont dits « essentiels », ce qui signifie que l'organisme ne peut les fabriquer et qu'ils doivent être apportés par l'alimentation. Il s'agit de l'acide linoléique (AL) et linolénique (ALA), respectivement chef de file des oméga 6 et 3.

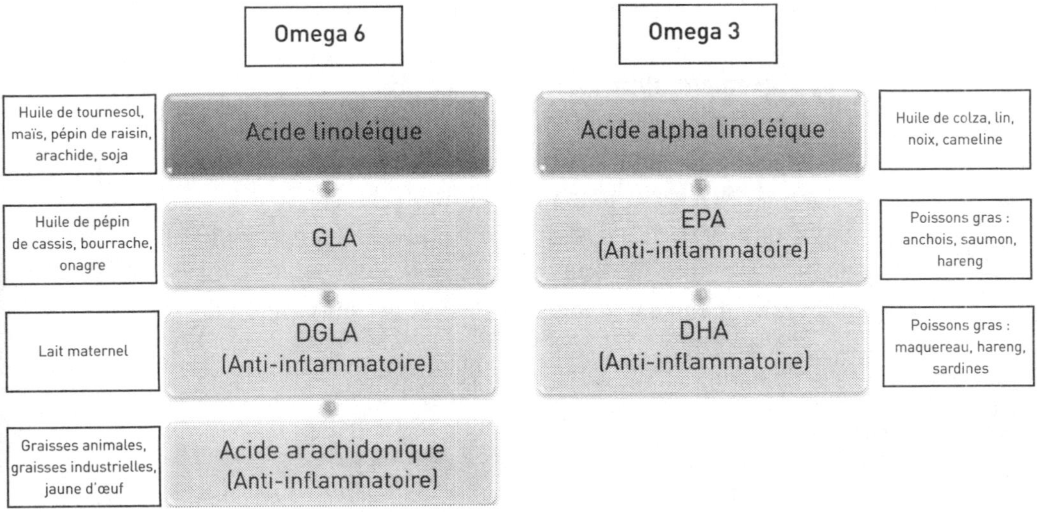

Notre organisme sait produire de l'EPA et du DHA (les deux oméga 3 qui intéresseront le plus le sportif) à partir de l'ALA, lui-même essentiel, mais en très faible quantité. Ils devront donc être apportés par l'alimentation[96].

Les acides gras poly-insaturés participent à la souplesse des membranes cellulaires. Ils sont particulièrement importants pour le sportif car :

- la fluidité membranaire **optimise les échanges hormonaux et tissulaires** aussi bien au repos qu'à l'effort ;
- ils interviennent dans la **régulation de l'inflammation**, processus auquel est particulièrement exposé le golfeur qui s'entraîne régulièrement.

Les acides gras trans

Les acides gras « trans » sont des acides gras insaturés, qui peuvent être :

- d'origine naturelle : produits par les ruminants, on les retrouve dans **la viande et les produits laitiers ;**

- issus de techniques industrielles pour passer des graisses de l'état liquide à l'état solide ; ils sont principalement retrouvés dans les **produits alimentaires transformés** comme les viennoiseries, pizzas, quiches, biscuits, produits à base de pâte feuilletée, pâtes à tartiner, chips, gâteaux apéritifs, etc.

Ces acides gras trans d'origine industrielle contribuent significativement à une majoration du risque cardiovasculaire lorsqu'ils représentent 2 % ou plus de l'apport énergétique total[97].

2. Les besoins quantitatifs

Pourquoi sommes-nous presque tous déficitaires ?

En un siècle, le déséquilibre entre oméga 6 et oméga 3 s'est progressivement installé avec l'évolution de notre alimentation car les apports en oméga 6 ont considérablement augmenté.

Les animaux d'élevage sont massivement nourris avec du maïs et du soja riches en oméga 6, la part de graines de lin et colza riches en oméga 3 ne cessant, quant à elle, de diminuer. L'élevage intensif fait aussi que le bétail ne se nourrit plus d'herbe grasse riche en oméga 3. Les produits et sous-produits animaux sont de ce fait riches en oméga 6. D'autre part, l'industrie agroalimentaire privilégie les huiles riches en oméga 6 comme le tournesol.

Ceci conduit à un déficit d'apport en oméga 3 et à une surconsommation d'oméga 6 indiscutablement corrélée au développement des « maladies de civilisation » : diabète, maladies cardiovasculaires, dégénératives, obésité...

Le rapport optimal, les besoins

La prise en charge nutri et micronutritionnelle des acides gras repose toujours sur le même principe : la recherche de l'équilibre entre les différentes familles d'acides gras. En effet, toutes les familles d'acides gras sont nécessaires et les catégoriser en « bons » ou « mauvais » n'aura aucune valeur scientifique. Un bilan lipidique optimal se traduit par des rapports optimaux entre les différentes familles.

Inutile donc de diaboliser certains d'entre eux comme cela a été le cas avec le cholestérol durant de nombreuses années. Plusieurs études ont montré que la réduction du cholestérol total n'est pas corrélée à une diminution du risque cardiovasculaire. En revanche, l'augmentation de l'apport en acides gras essentiels, dont les oméga 3, diminue ce risque cardiovasculaire d'où notre volonté d'en apporter en quantité suffisante.

Le rapport optimal entre l'apport d'oméga 6 et 3 est de 4 pour 1. Dans les pays occidentaux, ce ratio s'approcherait plus de 10 pour 1 et peut atteindre 30 pour 1. En effet, l'alimentation moderne fait que nous consommons beaucoup trop d'acides gras de type arachidonique au détriment de la famille des oméga 3. Il semblerait que ce déséquilibre soit impliqué dans l'augmentation des troubles inflammatoires et des pathologies cardio-vasculaires.

Les doses recommandées

Pour un adulte qui consommerait 2 000 Kcal/jour, il faudrait consommer chaque jour :

- 4 fois plus d'oméga 6 que d'oméga 3,
- 2 g d'acide alpha-linolénique,
- 250 mg d'EPA,
- 250 mg de DHA.

Les apports quotidiens du mélange EPA + DHA peuvent être augmentés de 500 à 750 mg/jour chez les adultes ayant une pathologie cardio-vasculaire.

Comme dans de nombreux domaines, le mieux est l'ennemi du bien ! Consommer de manière excessive des oméga 3 peut avoir des effets adverses. En effet, cet apport se fera au détriment d'autres acides gras utiles au fonctionnement de notre organisme et entraînera un déséquilibre du bilan lipidique avec un risque de conséquences cliniques.

Au-delà de 5 g par jour d'oméga 3, à long terme et en dehors d'une indication particulière, l'apport d'oméga 3 peut être à l'origine de problèmes de coagulation et de risque hémorragique accru[98]. Aucun intérêt donc à les consommer en excès.

3. L'intérêt des oméga 3 pour le golfeur

Un bon statut en oméga 3 va améliorer toutes les fonctions métaboliques sollicitées pendant votre préparation physique, pendant votre partie de golf et en récupération.

Parmi les effets positifs validés qui seront essentiels <u>à votre préparation physique</u>, on retrouve :

- une accélération de la **prise de masse musculaire** lors d'une pratique sportive de force, par augmentation de la synthèse protéique[99] et diminution du catabolisme[100] ;
- une augmentation de l'utilisation des lipides pour produire de l'énergie, qui favorisera la **perte de masse grasse** et l'augmentation de masse musculaire ;
- une amélioration du passage d'une filière énergétique à une autre en entraînement d'endurance, favorisant un niveau d'énergie plus soutenu, une diminution de la fatigue et une amélioration de la performance[101] ;

- une diminution des **courbatures** par amélioration de la récupération ; ceci permettra de ne pas être gêné par des douleurs inutiles lors de vos entraînements ou parties[102].

Une fois encore, la préparation physique conditionne, au même titre que la nutrition, la condition physique du golfeur. La soutenir grâce à la nutrition et la micronutrition ne fait que potentialiser son efficacité et permet de la pratiquer en limitant la survenue de blessures.

Un statut optimal en oméga 3 permet également :

- **une meilleure déformabilité des globules rouges** : ils passent ainsi plus facilement dans les petits vaisseaux pour une meilleure oxygénation[103] ;
- **une augmentation de la diffusion de l'oxygène** dans les cellules musculaires, ce qui contribue à augmenter la VO_2 max ;
- **une meilleure mobilisation du glycogène** à l'effort ce qui augmente la libération de glucose et augmente le niveau d'énergie ;
- **une activité anti-inflammatoire** : les messagers de l'inflammation sont en grande partie fabriqués à partir des constituants tirés de notre assiette ; alors que certains acides gras sont pro-inflammatoires comme l'acide arachidonique (oméga 6 retrouvé en quantité dans les graisses industrielles, les biscuits, la charcuterie, le fromage...), d'autres ont des propriétés anti-inflammatoires comme les oméga 3 ; il faudra donc éviter un déséquilibre nutritionnel entre les différentes familles d'acide gras pour ne pas pérenniser inutilement un foyer inflammatoire qui pourra être à l'origine d'une blessure.

En résumé, les oméga 3 améliorent la performance sportive grâce à leurs effets : protecteur cardio-vasculaire[104], anti-catabolique, anti-inflammatoire, immunomodulateur, fluidifiant membranaire pour de meilleurs échanges tissulaires pendant l'effort, une meilleure gestion de l'énergie et une récupération plus efficace.

Leur action au niveau cérébral est tout aussi importante pour un sport qui engage intensivement les **fonctions mentales** : amélioration de la mémoire, de la capacité de concentration et d'apprentissage. Les oméga 3 jouent un rôle sur le bien-être mental et sur la dépression.

Pour finir, les oméga 3 auraient également un intérêt dans la prévention de maladies oculaires comme la DMLA (dégénérescence maculaire liée à l'âge)[105], dans la régulation du diabète de type II[106] et dans la prévention du déclin cognitif.

On voit à quel point un statut optimal en oméga 3 est indispensable au golfeur. C'est un pilier de la nutrition qui lui permettra d'exploiter au mieux ses capacités physiques et mentales.

4. Faut-il se supplémenter ?

Que disent les études ?

L'intérêt des oméga 3 est bénéfique sur l'ensemble de l'organisme du golfeur quand ils sont apportés par l'alimentation. Mais cet intérêt est-il le même lorsqu'ils sont consommés sous forme de compléments alimentaires ?

À ce jour, en France, une seule autorisation de mise sur le marché (AMM) a été accordée aux oméga 3 et ceci « *dans le cadre du traitement adjuvant en prévention secondaire de l'infarctus du myocarde, en association avec les traitements de référence* ». Cela ne signifie pas que les oméga 3 se montrent inefficaces sur les autres fonctions de l'organisme mais que l'impact sur la protection cardio-vasculaire a été étudié contre placebo et validé. Le golfeur ayant déjà eu un infarctus du myocarde pourra donc se voir prescrire des oméga 3 pour limiter le risque de récidive.

Qu'en est-il des autres indications, notamment celles concernant l'adaptation à l'entraînement et la récupération ?

Toutes les données concordent sur le fait qu'un statut optimal en oméga 3 apportés par l'alimentation **favorise les fonctions neuro-musculaires et la performance**. Concernant la prise de compléments alimentaires, bien que certaines études montrent un réel intérêt chez le sportif (amélioration de la fonction musculaire et diminution de la fatigue[107]), d'autres ne retrouvent pas d'amélioration significative des fonctions testées à l'effort. Pas d'unanimité dans ce domaine donc, la réalisation d'autres études dans l'avenir nous permettront peut-être d'apporter une réponse plus tranchée.

Quoi qu'il en soit et jusqu'à preuve du contraire, les oméga 3 sont dotés d'effets bénéfiques pour la santé, et l'organisme ne doit pas en être déficitaire. Un statut optimal en oméga 3 chez le sportif va favoriser une optimisation de son état de forme général et par conséquent contribuer à de meilleures performances sportives en minimisant le risque de blessure.

Je suis golfeur, comment savoir si je manque d'oméga 3 ?

La première étape consiste à vous interroger sur vos apports en aliments sources d'oméga 3. Ils sont rarement suffisants dans la population générale et encore moins chez le sportif qui aura des besoins augmentés par rapport à une personne sédentaire.

Comme pour de nombreux éléments micronutritionnels, le questionnaire ne suffira pas à donner de réponse franche car il est reconnu que le contenu de l'assiette est très mal corrélé aux taux de micronutriments retrouvés au niveau sanguin. La quantité et la qualité des oméga 3 ingérés, la qualité d'émulsion digestive, la capacité d'absorption et l'état inflammatoire vont être des facteurs limitant à un bon statut en oméga 3.

Le micronutritionniste aura donc intérêt à faire réaliser un bilan biologique spécialisé, appelé « profil d'acides gras poly-insaturés ». Ce bilan renseigne sur la concentration en oméga 3 dans le sang et dans les membranes cellulaires (ce qui nous intéresse particulièrement). Cette démarche fournit des renseignements précieux pour accompagner toujours plus loin le sportif en quête de progrès sportifs et permet d'éviter de supplémenter inutilement et à l'aveugle. Elle devra être réalisée par un micronutritionniste avisé et habitué à interpréter les résultats.

La prise d'oméga 3 sous forme de compléments alimentaires peut-elle être néfaste ?

Du fait de leur structure chimique, les oméga 3 sont des molécules facilement oxydables. Les doubles liaisons qui leur confèrent des propriétés bénéfiques les rendent également plus fragiles et donc sujets à la « péroxydation lipidique » [108]. Ce phénomène oxydatif responsable du rancissement des aliments engendre des radicaux libres qui vont augmenter le stress oxydant, ce qu'il faut absolument éviter chez le sportif déjà soumis à ce type de stress. On sait que le stress oxydant chez un sportif est potentiellement toxique pour la fonction musculaire et qu'il peut être à l'origine de fragilité, d'un risque de blessure augmenté, de fatigue, de crampes et de mauvaise récupération s'il devient chronique.

L'association conjointe d'antioxydants comme la vitamine E limite ce phénomène mais rarement de manière suffisante. D'autres solutions plus efficaces existent pour lutter contre cet effet indésirable comme l'apport simultané d'extrait de romarin (naturellement antioxydant) dans les gélules d'oméga 3[109]. Ces éléments nous montrent encore à quel point la consommation d'antioxydants dans notre alimentation quotidienne est essentielle à l'équilibre global de notre organisme.

La prise de compléments alimentaires n'est jamais anodine et doit toujours être réfléchie pour n'en retirer que des bénéfices. Voyons comment se complémenter en toute sécurité.

Précautions à prendre en cas de complémentation

Si vous faites le choix de recourir à des compléments alimentaires à base d'oméga 3, assurez-vous :

- de consommer la quantité et le type d'acide gras polyinsaturés dont vous avez besoin – comme expliqué précédemment, le seul moyen fiable sera de faire un bilan biologique spécialisé ;
- de faire des cures ponctuelles ;
- de vérifier que votre système de défense antioxydant est optimal et d'augmenter vos apports en aliments sources ;
- de vérifier l'intégrité de votre écosystème intestinal pour assimiler au mieux les oméga 3 ;
- de choisir des compléments alimentaires de qualité, ce qui signifie ceux :
  - ayant un label qualité type « Quality Silver » qui assure une stabilité dans le temps et limite donc le risque de peroxydation ;
  - ayant un label garantissant l'absence de métaux lourds résiduels type « EPAX » ;
  - ayant un label témoignant d'une pêche raisonnée type « Friend of the Sea » ;
  - associant systématiquement dans la composition une source d'antioxydant, de préférence naturelle, comme un extrait de romarin ;
  - ayant un dosage qui correspond aux apports recommandés ;
  - de fabrication récente ;
  - formulés sous forme de gélule (éviter les formes flacons).

- de conserver vos gélules au congélateur pour une meilleure stabilité même si ce n'est pas indiqué sur la boîte.

Parce que ces considérations peuvent paraître un peu techniques pour le golfeur, n'hésitez pas à vous faire accompagner dans votre démarche par un micronutritionniste qui maîtrise ce sujet. Les compléments alimentaires peuvent être d'une aide précieuse quand ils sont bien utilisés. Dans tous les cas, le point de départ de votre démarche sera de chercher à augmenter vos apports alimentaires en oméga 3.

Suggestions de compléments alimentaires

- Capsules d'huiles végétales riches en acide alpha-linolénique (huile de cameline, lin...).
- Capsules d'huiles de poissons riches en EPA et DHA dosé à 500 mg (250 mg de chaque).
- Capsules à base d'huile de krill : petits crustacés riches en AGPI et en antioxydants naturels (astaxanthine, vitamines A et E).
- Gélules à base de spiruline (algue bleue riche en protéines, vitamines, minéraux, acides gras essentiels et antioxydants).

5. Sources alimentaires des différents acides gras

	Acides gras saturés	Acides gras mono-insaturés	Acides gras poly-insaturés Ω6	Acides gras poly-insaturés Ω3
Sources animales	Produits laitiers Œufs Charcuterie Viandes Beurre Crème fraîche	Produits laitiers Œufs Charcuterie Canard Graisse d'oie	Porc Volaille Lapin Œufs Beurre Graisse d'oie	Lapin Poisson gras : maquereau, hareng, sardine… Phytoplancton, krill
Sources végétales	Huile de coco Huile de palme	**Acide oléique :** Huiles d'olive, colza, oléagineux, tournesol, arachide, avocat	**Acide linoléique :** Huiles de maïs, tournesol, colza, noix, raisin, soja **GLA :** Huiles d'onagre, bourrache, cassis	Pourpier Noix Huile de colza, noix, soja, lin Graines de chia Chanvre Algues Mâche, laitue, pourpier
Caractéristiques	Essentiellement issus du règne animal. On les retrouve en quantité importante dans les produits industrialisés : chips, viennoiseries, biscuits apéritifs	Confère de la stabilité aux huiles végétales qui en sont riches	En abondance dans quasiment tout le règne végétal, ce sont notamment les graisses de réserve des graines	Plus rares Dans les végétaux, ils constituent les graisses des structures : 70 % des graisses de l'herbe, 70 % des graisses des algues, 60 % des graisses du lin

Les poissons gras, sources principales d'EPA et DHA

Les poissons gras vivant dans les eaux froides sont adaptés à leur milieu grâce à leur richesse en oméga 3 EPA et DHA. Ils se nourrissent d'algues et de planctons riches en oméga 3. Ce type d'acides gras leur confère une fluidité membranaire leur permettant de ne pas se figer à basse température.

Poissons à moyenne et à forte teneur en oméga 3[110]

Teneur en lipides totaux	Teneurs en oméga 3 EPA et DHA	Espèces de poisson
Poisson gras (> 2 %)	Teneur forte en Ω3 : **3 g/100 g** (en moyenne)	Saumon, sardine, maquereau, truite fumée
	Teneur moyenne en Ω3 : **1,4 g/100 g** (en moyenne)	Rouget, anchois, pilchard, bar, truite, dorade, turbot, éperlan, brochet, flétan

Faut-il consommer des poissons sauvages ou d'élevage ?

Les poissons gras d'élevage sont nourris de farine de poissons et d'huiles de poissons et/ou végétales comme le colza[111]. Ils contiennent une quantité d'oméga 3 proche des poissons sauvages[112]. Ils sont plus pauvres en méthylmercure mais plus riches en dioxines et PCB que les poissons sauvages. Leur qualité dépend directement de leur nutrition, des traitements médicamenteux qu'ils reçoivent, de l'espace dont ils disposent et de la qualité de l'eau.

Le poisson sauvage a une texture et un goût supérieurs au poisson d'élevage.

Il n'y a donc pas de recommandation particulière qui privilégierait les poissons sauvages ou d'élevage. D'un point de vue écologique, il est toutefois important de consommer des poissons sauvages issus de pêche durable et des poissons d'élevage si possible biologiques et avec des labels qualité. Pensez toutefois à :

- varier les espèces ;
- alterner poissons d'élevage et poissons sauvages ;
- préférer les espèces de haute mer aux espèces côtières ;
- ne consommer ni la peau, ni les parties les plus sombres de la chair ;
- choisir les petits poissons (pour limiter leur concentration en polluants).

Les fruits secs, sources d'acides gras de qualité

Veillez à choisir des fruits secs non salés et non recuits dans l'huile.

Qualités nutritionnelles de quelques fruits secs

Noix	**Avantages**
Noix de Grenoble	Très bon équilibre Ω6/Ω3 (5 pour 1) Riche en fibres Riche en antioxydants dont la vitamine E Protecteur cardio-vasculaire En manger 6 à 8/jour, 4 à 5 fois/semaine
Amande	Riche en acides gras monoinsaturés + Ω6 en petite quantité Riche en fibres Riche en calcium (> produits laitiers) Protecteur cardio-vasculaire Source d'antioxydants Les consommer avec la peau
Noix du Brésil	Riche en acides gras mono/poly-insaturés + saturés Riche en fibres Source d'antioxydants (sélénium)
Noix de cajou	Source de bore Riche en tryptophane Intéressant dans le fonctionnement des neurotransmetteurs
Noix de pécan	Protecteur cardio-vasculaire

Graines de lin	Riche en Ω3 Protecteur cardio-vasculaire Riche en fibres, effet prébiotique Améliore le transit À consommer moulues, mélangés à un yaourt, une purée de fruits
Noix de macadamia	Riche en Ω3 Protecteur cardio-vasculaire

6. Recommandations nutritionnelles pour optimiser son statut en oméga 3

- Consommez des huiles végétales riches en oméga 3 au quotidien et en quantité suffisante :
  - Conservez-les au réfrigérateur, à l'abri de la lumière.
  - Préférez une huile vierge, de première pression à froid et de préférence biologique.
  - Utilisez-les hors cuisson, en assaisonnement.
  - Variez les huiles riches en oméga 3, mélangez-les : olive/colza, olive/cameline...
- Consommez deux à trois fois par semaine des poissons gras en privilégiant les petits poissons des mers froides (moins intoxiqués aux métaux lourds que le saumon ou le thon) et issus de pêche durable de préférence : maquereau, sardine, hareng, etc.
- Une marinade riche en aromates antioxydants est une bonne astuce pour préserver les oméga 3 de l'oxydation[113-114].
- Consommez de préférence des produits ou des sous-produits animaux issus de la filière oméga 3 (Bleu-Blanc-Cœur).
- Privilégiez les modes de cuisson à basse température pour les aliments sources d'oméga 3 (saumon à la vapeur par exemple)[115].
- Consommez des noix de Grenoble fraîches en automne.
- Tentez d'intégrer des aliments sources d'oméga 3 moins communs pour enrichir votre ration : graines de lin moulues, algues, pourpier...

- Même en période de régime hypocalorique, ne jamais se dispenser des deux à trois cuillères à soupe quotidiennes d'huile végétale riche en oméga 3.
- Pour la cuisson, privilégiez l'huile d'olive, le beurre clarifié... Évitez le beurre.
- Consommez des aliments sources d'antioxydants avec vos oméga 3 : fruits, légumes, épices...

En parallèle

- Limitez les viandes grasses.
- Limitez la consommation d'huile de tournesol.
- Évitez la consommation de produits industrialisés riches en acides gras trans, acides gras saturés, huile de palme : viennoiseries, chips, friands, pizza, tartes salées industrielles, etc.
- Les graisses saturées doivent toujours être consommées avec des sources d'antioxydants : légumes, fruits, fruits secs.

Le manque d'apport en oméga 3 est un des déséquilibres majeurs de ces dernières décennies. Il est associé à de nombreuses maladies de civilisation comme les maladies cardio-vasculaires, les maladies inflammatoires... Cet apport doit faire partie du quotidien du golfeur car un apport ponctuel, à forte dose n'aura aucun intérêt. Un retour à l'équilibre des acides gras impactera positivement l'ensemble des fonctions de l'organisme. Les oméga 3 ont des propriétés qui toutes combinées placent le golfeur dans un état général favorable à l'accomplissement d'une performance et au maintien de sa bonne santé.

VII. NOURRIR SON CERVEAU POUR UN MENTAL DE GAGNANT

Le cerveau est un organe complexe qui communique avec tous les territoires extra-cérébraux et perçoit les signaux lui permettant de déclencher et gérer des processus vitaux comme la faim, la soif, le sommeil. Il exerce aussi des fonctions cognitives comme la concentration, l'apprentissage, la gestion des émotions...

Au niveau cérébral, la communication entre les neurones et le passage de l'information se fait via des molécules appelées « **neurotransmetteurs** » produits grâce à des éléments tirés de notre assiette. De ce fait, **nos choix nutritionnels ont des conséquences directes sur notre système nerveux**[116].

Le cerveau gère la commande motrice qui vous permettra d'exécuter le swing que vous souhaitez. Il fournit aussi la motivation, la volonté, gère le stress les jours de compétition mais également vos humeurs du quotidien, vos comportements alimentaires et la prise de décisions.

La préparation physique et les différents entraînements peuvent modifier les besoins et les apports nutritionnels du cerveau. Alors parce que bien « nourrir » son cerveau est fondamental pour avoir un mental au sommet et atteindre ses objectifs, nous allons voir quelques notions simples qui vous aideront à faire les bons choix alimentaires.

1. Les besoins primaires d'un cerveau en forme

Le cerveau, qui gouverne tant de fonctions essentielles, a des besoins nutritionnels variés visant à lui fournir de l'énergie, se construire et assurer ses fonctions.

Sa principale source **énergétique** est le glucose. Nous avons expliqué dans la première partie à quel point les variations de glycémie impactaient son bon fonctionnement, notamment au niveau de la concentration et de la précision[117].

Pour se **construire**, il a besoin d'acides gras. La qualité des membranes neuronales dépend du choix des acides gras ingérés. Un apport optimal et équilibré en oméga 3, dont le DHA, assurera une bonne plasticité neuronale[118] et une meilleure efficacité de la transmission nerveuse[119]. Ces deux processus sont essentiels à un bon état de santé du cerveau et limitent le vieillissement prématuré de cet organe.

Enfin, le cerveau aura besoin d'acides aminés pour **fonctionner** et fabriquer les neurotransmetteurs.

Il va sans dire que les besoins du cerveau ne se limitent pas à ceux évoqués mais nous nous limiterons volontairement à ceux intervenant dans la synthèse des trois neurotransmetteurs qu'il faudra garder au meilleur niveau chez le golfeur. Il s'agit de la dopamine (DA), la noradrénaline (NA) et la sérotonine (ST) ou, comme j'aime la nommer, la « **triade gagnante** ».

Pour chacun d'entre eux, nous allons :

- expliquer à quel point ils sont importants pour le golfeur ;
- identifier les sources alimentaires qui permettront de les produire en quantité suffisante ;

- déterminer à quel moment de la journée il faudra consommer ces acides aminés : les neurotransmetteurs étant produits selon notre rythme biologique, toute alimentation qui visera à augmenter ces synthèses devra être apportée **au moment opportun** pour être efficace ;
- préciser les cofacteurs nécessaires à leur production et qui sont également issus de notre alimentation. Si les cofacteurs sont déficitaires, la synthèse ne pourra pas se faire efficacement, c'est pourquoi leur statut doit être optimal pour qu'ils ne constituent pas un frein à un bon équilibre mental.

Voyons maintenant comment ces trois molécules agissent sur nos comportements.

2. La dopamine (DA)

Ses implications

Elle sera essentielle au golfeur en participant à la motivation, à la coordination des mouvements et à leur fluidité[120-121]. C'est le « **starter** », l'élément qui nous fournit la motivation et permet de démarrer une activité, de faire des projets, d'explorer les nouveautés. Elle est également impliquée dans la vigilance, l'organisation de la pensée, la sensation de fatigue, le système de la récompense, la recherche du plaisir.

Le manque de dopamine conduit à une baisse de la motivation, une perte d'intérêt, un manque d'initiative, des troubles de l'attention, une diminution de l'activité motrice, un sommeil agité. Il peut également entraîner de l'indifférence, un repli sur soi, de la tristesse, une fatigue psychique[122]...

Il est physiologique de produire moins de dopamine à partir de 45-50 ans du fait d'une moindre efficacité des enzymes qui la fabrique. Le stress du quotidien et les erreurs nutritionnelles sont alors moins bien compensés[123]. Les états de stress chronique ne sont pas favorables à une production suffisante de DA car ils dévient la tyrosine vers d'autres métabolismes, au détriment de la voie cérébrale.

En résumé, la dopamine est vraiment LE neurotransmetteur du sportif. Un niveau de DA suffisant poussera le golfeur à aller toujours plus loin dans son envie de s'entraîner, de gagner. Elle lui donnera l'envie de se lever le matin pour aller à l'entraînement et l'aidera physiquement dans sa préparation physique.

Sources[124]

Le précurseur de la dopamine est un acide aminé : la **tyrosine**. On la retrouve dans :

- la viande de bœuf, le poulet, la dinde, le poisson, le canard, le blanc d'œuf ;
- le parmesan, le gruyère, le lait, le yaourt ;
- les cacahuètes, les amandes, les noix, les graines (citrouilles, courge, sésame) ;
- le riz, le soja, l'avocat.

N.B. *– La tyrosine peut elle-même être fabriquée dans l'organisme à partir d'un autre acide aminé, la phénylalanine.*

Cofacteurs

Pour produire de la dopamine à partir de la tyrosine l'organisme aura besoin de : vitamines B6, B2, B3, B9, fer, magnésium, zinc.

Moment de prise optimal

La dopamine est principalement active le matin, d'où l'importance de consommer un petit déjeuner protéiné. Les apports protéiques devront être prioritairement répartis le matin et au déjeuner.

3. La noradrénaline (NA)

Ses implications

Elle contribue à la joie de vivre, la bonne estime de soi qui est fondamentale pour le mental de gagnant. Elle est liée aux circuits du plaisir, la recherche de récompense et impliquée dans le processus d'apprentissage et l'attention[125]. Elle influe également sur la libération des hormones régulant la fertilité, la libido, l'appétit et le métabolisme. C'est « **l'accélérateur** » de l'organisme qui permet la pérennisation de l'action, son amplification.

La chute de l'activité de la noradrénaline entraîne une baisse de la motivation, des troubles de la mémoire, de l'apprentissage. Quand le déficit s'accentue, on observe une baisse de la capacité à se faire plaisir, à prendre soin de soi, de la libido, une tendance à l'indifférence émotionnelle, voire à la dépression.

Une quantité suffisante de noradrénaline sera importante pour le golfeur car elle viendra renforcer la motivation du joueur et le soutiendra tout au long de l'effort.

Sources

La noradrénaline est synthétisée à partir du même acide aminé qui sert à fabriquer la dopamine : la **tyrosine**. Les sources alimentaires sont donc les mêmes que celles citées ci-dessus.

Cofacteurs

La noradrénaline est produite à partir de la dopamine. Les mêmes cofacteurs que ceux intervenant dans la production de dopamine seront donc nécessaires. On ajoutera à cette liste le cuivre et la vitamine C.

Moment de prise optimal

La noradrénaline est principalement produite le matin et en début d'après-midi. Les recommandations sont donc les mêmes que pour la dopamine.

4. La sérotonine

Ses implications

Elle est impliquée dans le contrôle de l'humeur, de l'agressivité, participe aux circuits de l'évitement et à la perception douloureuse[126]. Elle crée un terrain favorable aux comportements prudents, réfléchis, calmes. Elle intervient dans la modulation de l'appétit, de la satiété et est également utilisée par le cerveau pour fabriquer l'hormone du sommeil : la mélatonine. Cette dernière est essentielle car un sommeil de qualité est nécessaire à une récupération efficace.

C'est le « **frein** » qui permet d'interrompre l'action, le frein des pulsions qui permet la prise de recul, la patience et la tempérance.

Un taux de sérotonine bas peut entraîner des comportements addictifs dans tous les domaines (dont l'alcool), des grignotages et des compulsions alimentaires sucrées (chocolats, sucres simples)[127]. En cas de déficit significatif, le manque de sérotonine peut entraîner agressivité, impulsivité, intolérance à la frustration, irritabilité, impatience et difficulté à prendre du recul. En cas de chute importante, un état dépressif peut se développer, c'est d'ailleurs sur l'axe sérotoninergique qu'agit la classe d'antidépresseurs la plus prescrite dont fait partie le Prozac®.

Le déficit en sérotonine fait entrer le joueur dans un cercle vicieux car il entraînera des pulsions sucrées, donc une augmentation des apports glucidiques. Le fait est que ces derniers ne contiennent la plupart du temps pas de protéines et donc pas de tryptophane, élément précurseur de la sérotonine. Plus nous en manquons, moins nous nous dirigeons vers les aliments qui nous permettraient d'en produire.

On comprend qu'un golfeur ne pourra pas se permettre de manquer de sérotonine. Le joueur doit pouvoir se freiner, contenir ses émotions, même après un mauvais coup. Vous avez déjà probablement regardé des tournois de golf professionnels à la télévision. Le self-control dont les joueurs professionnels font preuve est époustouflant : malgré l'enjeu souvent très important, malgré la pression, malgré le monde sur place qui regarde la partie, les plus grands joueurs ne montrent que très rarement des signes d'énervement, d'agacement. Ceci est à la fois le fruit d'une bonne préparation mentale, mais également de taux optimaux et équilibrés entre les différents neurotransmetteurs. Rappelons-le, le golfeur joue autant avec sa technique et son corps qu'avec son mental !

Au-delà du jeu, un athlète, quelle que soit sa discipline, aura plus tendance à la réussite si son moral est bon, positif. Un golfeur avec un moral fluctuant aura plus tendance à avoir des comportements au repos qui pourront nuire à sa performance les jours de compétition : consommation d'alcool, diminution de la qualité du sommeil, compensation de certaines émotions par des prises alimentaires inadaptées...

Si plusieurs axes sont perturbés, on s'occupera toujours en priorité de la sérotonine.

Sources

Le précurseur de la sérotonine est un acide aminé : le **tryptophane**.

Parmi les aliments les plus riches en tryptophane, on retrouve :

- le veau, le poulet, le canard, le gibier, le thon, les œufs ;
- les produits laitiers, la ricotta ;
- les noix de cajou, les graines de tournesol ;
- le riz complet, les flocons d'avoine, les légumineuses, le soja ;
- l'avocat, la banane.

Le tryptophane est l'acide aminé le plus sensible aux agressions comme la cuisson et l'oxydation. Il faudra donc veiller à consommer ces aliments après cuisson douce et à bien les conserver pour les protéger de l'oxydation.

Cofacteurs

Pour produire de la sérotonine, notre organisme aura notamment besoin de vitamine B3, B6 et de fer.

La transformation en mélatonine exigera quant à elle de la méthionine et des vitamines B6, B9 et B12.

Moment de prise optimal

L'axe de la sérotonine s'active principalement en fin d'apres-midi. Il faudra donc consommer le tryptophane à ce moment de la journée pour une libération de sérotonine en soirée et au cours des premières heures de la nuit. C'est le soir que le cerveau consomme le plus de sérotonine (notamment pour produire la mélatonine) d'où l'intérêt des glucides à index glycémique bas au repas du soir associés à des protéines maigres.

Métabolisme de la dopamine et de la noradrénaline

Métabolisme de la sérotonine

5. Quelles sont les causes d'un déficit en neurotransmetteurs ?

Les causes sont multiples et c'est souvent l'association de plusieurs d'entre elles qui conduit au déficit. En voici les principales.

- **Le déficit d'apport en acides aminés précurseurs.**
- **Le déficit en cofacteurs,** avec en tête de liste le magnésium et le fer.
- **Le déficit d'apport en acides gras essentiels :** ils entrent dans la composition des membranes cellulaires et jouent un rôle prépondérant dans la fluidité membranaire neuronale et la transmission des neurotransmetteurs[128].
- **Un problème d'absorption intestinale** des acides aminés précurseurs et des cofacteurs qui peut être dû à une constipation chronique, la prise de certains médicaments (comme les pilules contraceptives), une muqueuse intestinale altérée, etc.
- **Un état inflammatoire** chronique.
- **Un stress oxydant** prononcé.
- **La dette en sommeil.**
- **Une vulnérabilité** liée à des facteurs génétiques et épigénétiques.

6. Suis-je concerné ?

La première question à se poser est : Est-ce que je me retrouve dans l'un des tableaux cliniques présentés ? Si vous présentez plusieurs troubles du comportement parmi ceux cités et qu'ils altèrent votre qualité de vie, consultez votre médecin traitant. Vous pouvez également vous tourner vers un micronutritionniste avisé et qualifié qui, par le biais de questionnaires spécifiques, évaluera quels axes sont les plus touchés et sur lesquels il faudra intervenir en priorité.

Notre mode de vie, le niveau de stress auquel nous sommes soumis aussi bien dans notre vie personnelle que professionnelle, perturbe notre équilibre et ce, jusqu'à notre cerveau. Ne pensez surtout pas que vous serez un cas exceptionnel car, au cours des six dernières années durant lesquelles j'ai réalisé des bilans de micronutrition et suivi des patients, les neurotransmetteurs étaient très fréquemment perturbés. La plupart du temps, ces personnes prenaient rendez-vous pour d'autres troubles mais en remontant le fil, en cherchant toujours en amont la cause du problème, les neurotransmetteurs étaient souvent impliqués. Une bonne prise en charge vous apportera un apaisement, une meilleure gestion de votre stress, de vos émotions et un meilleur niveau d'énergie.

7. Faut-il consommer des compléments alimentaires pour « booster » son cerveau ?

Comme pour chaque problématique traitée depuis le début de cet ouvrage, la première solution se trouvera toujours dans votre assiette. Après avoir ciblé l'axe le plus touché (en fonction des symptômes ressentis), commencez par privilégier les aliments riches en acides aminés précurseurs. Votre alimentation doit également être diversifiée et riche en végétaux pour assurer l'apport de tous les cofacteurs nécessaires.

Si malgré les modifications nutritionnelles les troubles persistent, alors il pourra être pertinent d'avoir recours à un complément alimentaire. Leur consommation **devra toujours être initiée par un professionnel de la santé formé**

dans le domaine de la micronutrition, qui se sera assuré de l'absence de contre-indications. En effet, certains états pathologiques et la prise de certains médicaments ne sont **pas compatibles** avec les compléments alimentaires visant à stimuler la production de neurotransmetteurs.

Une fois toutes ces précautions prises, une complémentation pourra être mise en place.

Pour stimuler l'axe de la DA et de la NA

Tyrosine en gélule, dosée à 200 mg.

À prendre le matin, à distance du petit déjeuner (environ deux heures après) afin que la tyrosine n'entre pas en compétition avec d'autres acides aminés du repas.

Pour stimuler l'axe de la sérotonine

Tryptophane en gélules, dosé à 220 mg. Commencez par cette dose journalière. Il ne faudra pas augmenter les doses sans avis médical ni dépasser 3 g par jour car au-delà, des effets indésirables peuvent survenir : nausées, céphalées, somnolence[129].

À prendre dans l'après-midi, à distance d'une prise d'aliments protéinés. En effet, le tryptophane ne représente que 1,3 % des acides aminés dans l'alimentation courante et il est souvent en compétition avec les autres acides aminés de la ration alimentaire. Pensez à l'associer à une collation glucidique, la sécrétion d'insuline favorisant son assimilation.

Dopamine	Noradrénaline	Sérotonine
« Le démarreur »	« L'accélérateur »	« Le frein »

Le cerveau est un organe connecté, aux besoins multiples et au fonctionnement complexe. On ne peut par conséquent pas résoudre une problématique liée aux fonctions cérébrales en ne considérant que la production de neurotransmetteurs. Comme dans toute démarche micronutritionnelle, il est presque toujours nécessaire d'intervenir sur le terrain : la santé intestinale, l'équilibre en acides gras essentiels, l'absence d'inflammation chronique, l'absence de stress oxydant prononcé...

Une fois le terrain préparé, l'apport de précurseurs et cofacteurs prendra tout son sens. Ceci aidera le golfeur à maintenir optimaux ces niveaux en neurotransmetteurs pour un équilibre mental et une envie, une détermination à toute épreuve.

D'autres molécules dans le cerveau sont aussi fondamentales mais il faudrait consacrer un ouvrage entier sur ce thème passionnant qu'est la neuro-nutrition. On s'intéresserait notamment à l'**acétylcholine** qui intervient dans le contrôle des mouvements et la mémoire, au **GABA** qui favorise le calme et la relaxation, à l'**adrénaline**, au **cortisol**, aux **endorphines**...

Si vous veillez déjà à fournir à votre corps ce dont il a besoin pour produire suffisamment de dopamine, noradrénaline et sérotonine, qu'en parallèle vous éliminez tout foyer inflammatoire chronique, tout stress oxydant excessif et que vous entretenez une bonne santé intestinale, vous serez dans les meilleures dispositions physiques et mentales pour pouvoir performer. C'est dans ces conditions optimales, dans le respect de cet équilibre, que vous pourrez développer vos capacités naturelles et exprimer tout votre potentiel.

VIII. LES COMPLÉMENTS ALIMENTAIRES ET LE GOLFEUR

Tout golfeur sera amené à consommer au moins une fois dans sa vie un complément alimentaire. Cela concerne aussi bien le golfeur de haut niveau – devant mener de front la préparation physique et les tournois chaque fin de semaine, presque toute l'année – que le joueur amateur, soumis aux mêmes risques de déficit que la population générale.

Parfois utilisés à outrance outre-Atlantique, les compléments alimentaires, quand ils sont consommés de manière ciblée et raisonnée, offrent dans ce cas des bénéfices incontestés.

Cette partie vous permettra de comprendre en quoi ils peuvent être utiles au golfeur, d'identifier les signes évocateurs d'un déficit et de choisir le complément qui répondra le mieux à vos attentes. Parce qu'il faudrait un ouvrage entier pour tous les détailler, intéressons-nous à ceux dont le golfeur aura le plus couramment besoin.

1. Le magnésium (Mg)

Le premier micronutriment auquel il faut s'intéresser est incontestablement le magnésium. Il se rend indispensable au fonctionnement de notre organisme en intervenant dans plus de trois cents réactions chimiques cellulaires, dont la production d'ATP (énergie utilisable par nos muscles) et le glutathion (antioxydant). Il représente également un pilier dans l'équilibre psychique et la gestion du stress du golfeur, c'est pourquoi nous nous attarderons particulièrement sur cet élément.

La majorité de la population serait déficitaire en magnésium pour plusieurs raisons que nous détaillerons dans cette partie.

Le sportif a un risque de déficit augmenté par son hyperactivité métabolique, des apports déficitaires (comme la population générale) et des pertes accrues, notamment par la sueur. Il devra donc être encore plus attentif à l'optimisation de ses apports.

a) RÔLES DU MAGNÉSIUM (MG)

Voici une liste non exhaustive des implications du magnésium. On ciblera celles qui sont particulièrement importantes pour le golfeur.

- **Le métabolisme énergétique** à l'effort.
- **La contraction** mais aussi **la relaxation musculaire.**
- **Les processus de réparations tissulaires :** en récupération.
- **La thermorégulation :** il permet une meilleure adaptation aux températures élevées, ce qui est important pour les tournois en ambiance chaude.
- **Le maintien de la santé osseuse :** il participe à la fixation du calcium et du potassium sur les structures osseuses. Le déficit chronique en magnésium serait même un facteur favorisant l'ostéoporose (à prendre en compte en particulier chez le golfeur senior)[130].
- **Le bon fonctionnement cardio-vasculaire[131].**
- **La gestion du stress et de l'anxiété :** c'est l'une de ses propriétés fondamentales, surtout dans le cadre des compétitions. Un bon statut en magnésium est indispensable à un comportement serein sur le parcours. Il est nécessaire au bon fonctionnement des neurotransmetteurs[132].
- **Le sommeil de qualité :** notamment en favorisant la libération de sérotonine, neurotransmetteur apaisant et antistress

par excellence. N'oublions pas que le sommeil est un facteur essentiel à la récupération.

- **L'immunité :** cela peut sembler éloigné de notre problématique de base mais un golfeur professionnel peut difficilement se permettre de tomber malade au premier virus rencontré.
- **La prévention des crises d'asthme :** en diminuant la réactivité des bronches. Là encore, on semble s'éloigner du sujet initial mais un golfeur souffrant d'asthme peut ressentir une gêne, une diminution de son confort respiratoire qui peut nuire à la qualité de son jeu[133].

b) LES SIGNES POUVANT ÉVOQUER UN DÉFICIT EN MAGNÉSIUM

Les signes que nous allons évoquer apparaissent souvent dans un contexte où plusieurs perturbations coexistent. Le manque de magnésium peut être sensiblement impliqué dans ces différents symptômes :

- la fatigabilité physique, le manque d'entrain, les coups de fatigue ;
- les crampes, les contractures, l'« impatience » dans les jambes ;
- le tressautement des paupières ;
- les palpitations ;
- la fatigabilité nerveuse, la difficulté à se concentrer ;
- l'anxiété, l'hyperémotivité, l'irritabilité, les sautes d'humeur ;
- le sommeil de mauvaise qualité ;
- la constipation ;
- les migraines.

La prise de magnésium peut améliorer la performance chez le sportif en déficit mais il n'a pas été montré qu'elle augmente les capacités physiques si le statut initial est correct.

c) LES CAUSES POSSIBLES D'UN DÉFICIT EN MAGNÉSIUM

Les golfeurs, comme le reste de la population générale, sont en majorité déficitaires en magnésium. Essayons de comprendre quelles sont les causes à l'origine de ce déficit.

La première raison pour laquelle nous manquons de magnésium, c'est simplement que nous n'en consommons pas suffisamment. Ceci est la résultante de plusieurs évolutions.

- **Les aliments ne nous apportent plus suffisamment de magnésium.** Après récolte, les aliments naturellement sources de magnésium en contiennent en quantité moindre aujourd'hui qu'il y a un siècle. Ceci est la conséquence de l'appauvrissement des sols, de l'augmentation des cultures hors sol, de l'utilisation d'engrais à base de phosphates qui diminuent l'assimilation du magnésium, etc.
- **Le raffinage :** il élimine en quasi-totalité le magnésium contenu dans le sucre, les céréales, etc. Pour avoir un beau riz blanc et de belles pâtes blanches, sont mis de côté la plupart des micronutriments pourtant indispensables au bon fonctionnement musculaire. Une fois de plus, privilégiez les produits complets !
- **La cuisson à l'eau :** elle fait perdre jusqu'à 50 % des sels minéraux contenus dans les légumes.
- **L'évolution de nos choix alimentaires** s'orientant vers une diminution des végétaux riches en minéraux et une augmentation des produits carnés, raffinés et industrialisés. Vous serez donc à risque de déficit si vous êtes amateur de fast-food, d'aliments tout prêts et que vous consommez peu d'aliments dans leur naturalité.
- **Le stress :** qui ne s'est jamais senti stressé ? Les jours de compétition, le stress, lorsqu'il est bien géré, peut être un élément moteur et stimulant. Au quotidien, c'est un état

plus insidieux qui ne se limite pas forcément aux épreuves difficiles de la vie. Il peut être généré par des contraintes de tous les jours au travail, dans sa vie familiale : exposition au bruit, surmenage, douleur chronique... Le stress provoque dans notre organisme des réactions aboutissant à la chasse du magnésium en dehors des cellules, alors éliminé dans les urines. En résumé, le stress entraîne une fuite de notre précieux magnésium. Gardez à l'esprit : meilleur est votre statut en magnésium, mieux vous gérerez votre stress.
- **Le terrain acide :** la perturbation de l'équilibre acido-basique favorise la fuite de magnésium.
- **Le sport :** parce qu'il s'agit d'un stress physique, et parce que le métabolisme exige une consommation augmentée de magnésium à l'effort, il est au cœur des besoins du golfeur.
- **Les aliments ennemis du magnésium :** certains aliments favorisent l'élimination du magnésium dans les urines ; c'est le cas du café, l'alcool, etc. D'autres diminuent son absorption, comme le thé, le vin rouge (tanins), la rhubarbe, l'oseille, etc.

L'association de certains facteurs cités aboutit progressivement à un état de déficit qui, s'il n'est pas corrigé, aura des répercussions sur votre équilibre physique, psychique et sur vos performances golfiques.

d) LES BESOINS EN MAGNÉSIUM

Dans les pays développés, alimentation et mode de vie modernes ont fondamentalement changé les quantités de magnésium ingéré. À tel point que près de 75 % de la population aurait des apports significativement inférieurs aux recommandations[134].

Le magnésium n'est ni fabriqué ni stocké par notre organisme, il est donc nécessaire d'en consommer quotidiennement par le biais de notre alimentation ou, en cas de déficit, par une cure de compléments alimentaires.

Les apports journaliers conseillés en magnésium sont de **6 mg/kg** de poids corporel par jour chez l'adulte ayant une activité moyenne, soit environ[135] :

- 360 mg chez un adulte de 60 kg ;
- 480 mg chez un adulte de 80 kg

Ce besoin augmente entre autres chez les adolescents et les personnes âgées (+25 à 40 mg/jour) et les sportifs. En fonction de son niveau d'entraînement, de l'intensité de sa préparation physique, des conditions de l'entraînement (ambiance chaude), le golfeur pourra sur avis augmenter ses besoins en magnésium de l'ordre de **10 à 20 %**.

e) ALIMENTS RICHES EN MAGNÉSIUM ET RECOMMANDATIONS PRATIQUES

L'application de conseils simples vous permettra d'enrichir votre alimentation en magnésium. Des choix nutritionnels adaptés permettront de maintenir votre statut en magnésium si le déficit n'est pas trop important. Il faut cependant garder à l'esprit que notre organisme n'assimile que 25 à 50 % du magnésium contenu dans les aliments. Il faut donc consommer des quantités supérieures à l'apport journalier recommandé pour espérer couvrir nos besoins. Pour cela :

- **Équilibrez votre balance acido-basique** pour éviter les fuites urinaires de magnésium.
- **Apprenez à gérer votre stress :** il favorise la fuite urinaire de magnésium ce qui accentue le déficit et augmente votre vulnérabilité au stress. C'est un cercle vicieux qu'un golfeur ne doit pas laisser s'installer car il compromet tout son équilibre, en particulier mental[136].
- **Évitez les produits raffinés,** consommez des produits complets.
- **Mangez des légumes secs** (haricots, lentilles) au moins deux fois par semaine, **des fruits secs** (notamment en

récupération), **des légumes verts** (le magnésium est l'un des constituants principaux de la chlorophylle).

- **Faites tremper les légumes secs** pour éliminer les anti-nutriments qui diminuent l'assimilation du magnésium.
- **Faites-vous plaisir avec du chocolat noir (70 % de cacao minimum),** riche en magnésium.
- **Variez les eaux,** consommez des eaux minérales riches en magnésium régulièrement.
- **Privilégiez la cuisson vapeur ou à l'étouffée,** ne faites pas trop cuire vos légumes.
- **Évitez les boissons « ennemies » du magnésium** pendant et autour du repas : thé, vin rouge, alcool, café.
- **Si vous vous complémentez en calcium ou en fer,** espacez la prise de deux à trois heures pour éviter les phénomènes de compétition et un défaut d'assimilation.
- **Consommez quotidiennement des aliments riches en magnésium** en vous inspirant du tableau suivant.

Teneur en magnésium de quelques aliments[137]

Aliments		Teneur en mg pour 100 g (ou par litre pour les eaux)
Noix et graines	Graines de tournesol	364
	Amandes avec peau	232
	Noix de cajou	223
	Noix de Grenoble	140
	Noix du Brésil	367
	Graines de sésame	324
Céréales	Son de blé	546
	Germe de blé	250
	Pain complet	56
Légumineuses	Tofu	134
	Haricots rouges	39
	Petits pois cuits	31
	Lentilles cuites	34
	Pois chiches	44

Fruits et légumes	Épinards cuits Haricots verts Avocats Bananes Figues séchées	54 22 25 35 52
Fruits de mer	Crevettes cuites et pelées Saumon Bigorneaux	62 28 310
Eaux minérales	Rozana® Hépar® Contrex®	160 119 110
Divers	Chocolat noir 70 %	206

f) LE GOLFEUR DOIT-IL SE COMPLÉMENTER EN MAGNÉSIUM ?

Un golfeur présentant des signes cliniques de déficit en magnésium devra avant tout veiller à augmenter sa consommation via les aliments. En parallèle, la complémentation s'avérera très utile. Des dizaines de laboratoires commercialisent le magnésium sous diverses formes et il peut être difficile de faire un choix. Voyons ensemble comment sélectionner un magnésium de qualité.

Choisir le bon sel de magnésium

Le magnésium existe sous différentes formes de sels conditionnant en partie leur niveau d'assimilation, qui peut varier de 20 à presque 100 %. Si vous faites la démarche de consommer un complément alimentaire, optimisez-la en regardant l'étiquette pour faire le meilleur choix !

- Le chlorure et l'oxyde de magnésium sont à éviter du fait de leur caractère acidifiant. Dans une recherche permanente d'équilibre acido-basique, l'utilisation de cette forme de magnésium paraît inadaptée. En outre, leur assimilation n'est pas optimale.

- Le magnésium marin est un mélange de sels inorganiques à la biodisponibilité modeste.
- Les sels organiques types glycérophosphate, bysglycinates et les formes aminocomplexées présentent une très bonne biodisponibilité. Ces derniers sont donc à privilégier.

Les produits associés

Le magnésium peut être associé à différents micronutriments plus au moins utiles, dont voici les plus courants.

- **Les vitamines B6 et D** favorisent son entrée dans les cellules.
- **La taurine** améliore sa fixation au niveau cellulaire. La taurine a mauvaise réputation du fait de sa présence en quantité élevée dans certaines boissons énergisantes. Or la taurine est un acide aminé naturellement présent dans notre organisme et ayant un effet apaisant. Au-delà de 865 mg/jour, la taurine a un effet paradoxal excitant.
- **Des plantes visant à améliorer la gestion du stress ou favorisant le sommeil**, comme la rhodiole, l'aubépine, la valériane, la passiflore, peuvent être intéressantes en soutien, veillez simplement à ce que le magnésium utilisé dans ces complexes soit suffisamment qualitatif car c'est le magnésium que l'on cherche à apporter en priorité.

Le bon dosage

Privilégiez les compléments dosés aux apports journaliers recommandés. En pratique, les apports pourront être augmentés sur l'avis de votre pharmacien ou de votre médecin.

L'excès de magnésium ne présente aucun intérêt. Il peut entraîner des troubles intestinaux avec diarrhées du fait de ses propriétés laxatives.

En dépit d'une alimentation adaptée, la prise de compléments alimentaires pour pallier un déficit avéré sera une option précieuse pour le golfeur. En l'absence de freins particuliers, les effets positifs se feront sentir rapidement.

2. La vitamine D

La vitamine D est une vitamine liposoluble ayant une double origine :

- **endogène** : les deux tiers de la vitamine D sont synthétisés par la peau sous l'influence des rayons solaires (UVB) à partir de dérivés du cholestérol ;
- **exogène** : l'autre tiers est fourni par l'alimentation.

Il existe plusieurs formes de vitamine D dont les principales sont :

- **la vitamine D2** : d'origine végétale, non synthétisée au niveau de la peau, retrouvée dans la plupart des aliments végétaux mais en faible quantité ;
- **la vitamine D3 :** synthétisée au niveau de la peau par les rayons solaires UVB, et apportée par des aliments d'origine animale.

a) RÔLES DE LA VITAMINE D

Parmi les nombreux rôles connus de la vitamine D, citons ceux qui intéresseront particulièrement le golfeur.

Santé osseuse

La vitamine D contribue à l'absorption intestinale et au métabolisme du calcium et du phosphore : deux minéraux essentiels de la croissance et de la densité osseuse[138]. Rappelons que pour pouvoir jouer longtemps, préserver une masse osseuse dense et solide est essentiel.

Fonction musculaire

Bien que les études soient pour le moment assez contradictoires, la vitamine D améliorerait la fonction musculaire chez le sportif en déficit[139-140-141]. D'autres études seront nécessaires pour confirmer ou non cet intérêt chez le sportif.

D'autre part, elle maintiendrait la masse musculaire au cours du vieillissement.

Fonction immunitaire

La vitamine D intervient dans la régulation de l'immunité. Ceci sera particulièrement important pour le compétiteur qui ne peut pas se permettre d'être sensible à la moindre infection virale ou bactérienne circulante.

b) SUIS-JE DÉFICITAIRE EN VITAMINE D ?

L'apport alimentaire n'est pas un bon indicateur du statut en vitamine D puisqu'il exclut la production provenant des rayons du soleil. L'indicateur le plus fiable demeure le dosage sanguin mais les valeurs idéales font toutefois l'objet de controverse. On admettra qu'un statut optimal serait aux alentours de 60-75 nmol/l.

c) LES BESOINS

Étant donné que la majorité de la population, y compris celle vivant dans les villes ensoleillées, est déficitaire en vitamine D, l'ANSES* a défini la quantité recommandée journalière « *en considérant que la production endogène cutanée était nulle afin de couvrir le besoin de la quasi-totalité de la population française*[142] ».

Le besoin journalier recommandé par l'ANSES s'élève donc à 15 µg/j pour les hommes et les femmes adultes[142]. Il va sans dire que si un déficit préexiste, cette dose sera insuffisante et il devra être traité par des doses de charge prescrites par votre médecin ou mieux, par une complémentation quotidienne.

* Agence nationale de sécurité sanitaire de l'alimentation, de l'environnement et du travail.

d) SOURCES ET RECOMMANDATIONS PRATIQUES

On retrouve de la vitamine D dans :

- les champignons UV-irradiés ;
- les huiles de poisson, comme l'huile de foie de morue ;
- les poissons gras (saumon, hareng, anchois, sardine, maquereau...) ;
- les produits laitiers gras, certains en sont même enrichis ;
- le jaune d'œuf ;
- le foie de bœuf cuit.

L'alimentation ne permettant pas d'atteindre les valeurs recommandées, vous pouvez suivre les **recommandations suivantes :**

- Supplémentez-vous en vitamine D, sur avis médical et au dosage adapté à votre niveau de déficit.
- En l'absence de problème cutané, exposez vos bras, vos jambes et votre dos pendant 10 à 30 minutes, selon la pigmentation de la peau (10 minutes pour les peaux claires et 30 minutes pour les peaux foncées) aux alentours de midi, plusieurs fois par semaine.
- Faites un dosage sanguin de vitamine D si vous êtes un golfeur avec des antécédents de fractures de fatigue, de maladies fréquentes, de lésions osseuses et articulaires, de douleurs osseuses, de faiblesse ou de signes de surentraînement.

Le déficit en vitamine D est impliqué dans une multitude d'états pathologiques. Une large majorité de la population générale présente un déficit en vitamine D et nécessiterait une complémentation. Il n'a pas encore été prouvé que le sportif avait des besoins augmentés[143-144] mais le golfeur devant préserver au mieux son capital osseux, cartilagineux et sa bonne santé en général, ne pourra pas négliger son statut en vitamine D.

3. Le coenzyme Q10

Le coenzyme Q10, ou ubiquinone, est une molécule indispensable au bon fonctionnement des mitochondries, structures dans lesquelles est fabriquée l'énergie utilisée par les cellules de l'organisme : l'ATP. Les entraînements intensifs chez le golfeur de haut niveau peuvent altérer les réserves. Le golfeur senior est aussi souvent concerné par l'appauvrissement des réserves.

a) RÔLES DU COENZYME Q10

Il présente de nombreux intérêts pour le golfeur ayant un entraînement soutenu.

- **Il active la production d'énergie dans la cellule** au niveau des mitochondries[145]. Tous les processus qui nécessitent de l'énergie ont besoin de coenzyme Q10. On le retrouve dans le cœur à haute concentration et dans les muscles. Même si les études sont encore contradictoires, corriger un déficit en coenzyme Q10 aurait un effet bénéfique sur la sensation de fatigue à l'effort et sur la récupération[146,147]. Après entretien individuel, pour l'avoir souvent préconisé chez des sportifs très entraînés (voire surentraînés), la complémentation durant un mois donne des résultats plus que probants.
- **C'est un puissant antioxydant** sous sa forme réduite appelée « ubiquinol » [148-149]. Notre organisme permet le passage d'une forme à l'autre mais cette capacité diminue avec l'âge. Lorsqu'il sera nécessaire de complémenter un golfeur ayant plus de 40 ans, il conviendra d'apporter directement la forme ubiquinol. Regardez donc précisément l'étiquette de votre complément alimentaire.

Parmi les autres effets supposés, on lui trouve un effet favorable notamment dans : l'hypertension (effet reconnu)[150], l'insuffisance cardiaque, les maladies neurodégénératives[151], la protection cutanée et les migraines[152].

b) SOURCES

Production endogène

Il peut être fabriqué par notre organisme à partir de tyrosine ou d'acétyl-coA[153]. Sa production nécessite des vitamines du groupe B ainsi que de la vitamine C. En cas de déficit de ces cofacteurs, la production de coenzyme Q10 peut diminuer. Sa production diminue :

- naturellement avec l'âge ;
- en situations pathologiques (cancer, maladies cardio-vasculaires...) ;
- en cas de stress chronique.

Apports alimentaires

Dans notre alimentation occidentale, la majorité du coenzyme Q10 provient de la viande. Les autres sources principales sont les huiles de soja, de colza, la sardine, le maquereau, etc.

Teneur en coenzyme Q10 de quelques aliments[154]

Groupe alimentaire	Aliment	Contenu en coenzyme Q10 (µg/g)
Viandes et volailles	Cœur de porc (frit)	203
	Bœuf (frit)	31
	Poulet (frit)	17
	Côtelette de porc (frite)	14
	Jambon (bouilli)	7,7
Poissons	Hareng (mariné)	27
	Truite (vapeur)	11
	Saumon (fumé)	4,3

Céréales	Riz (bouilli)	0,18
	Pain seigle	0,17
	Pain blé	0,09
Légumes	Brocoli (bouilli)	6,6
	Chou-fleur (bouilli)	4,9
	Pomme de terre (bouillie)	0,52
	Tomate (crue)	0,19
	Carotte (crue ou bouillie)	0,24
Fruits	Orange	2,2
	Pomme	1,1
	Kiwi	0,49
Produits laitiers	Yogourt	1,2
	Fromage à la crème	0,29
	Fromage	0,16
Œufs	Œuf bouilli	2,3

c) LES COMPLÉMENTS ALIMENTAIRES

Si le déficit en coenzyme Q10 est fortement suspecté, il pourra être envisagé de recourir à une complémentation durant un mois. Voici quelques éléments qui vous permettront de faire votre choix dans cette offre toujours plus large.

- Une supplémentation de 100 mg par jour en une prise est suffisante.
- Préférer la forme directement active du coenzyme Q10, l'ubiquinol, qui a une meilleure biodisponibilité que l'ubiquinone.
- Préférer les formulations gélatineuses aux capsules contenant de la poudre. Les formes gélatineuses apportent le coenzyme Q10 sous forme solubilisée, qui traverse mieux la paroi de l'intestin[155].

Le coenzyme Q10 est un cofacteur essentiel au golfeur. Dans certaines situations (entraînement intensif, surmenage, stress oxydant excessif, prise de statines, situations pathologiques, etc.), ses capacités peuvent être dépassées et entretenir un état de fatigue qui compromettra la réalisation de performance. Pensez donc à l'intégrer dans votre stratégie micronutritionnelle !

Tous les compléments n'ont pas été cités. Par exemple, le fer doit être apporté en complément en cas de déficit confirmé par un bilan biologique. Son déficit, surtout chez la golfeuse aura des conséquences sur son état général et sa fatigue à l'effort. Elle devra par ailleurs veiller à ses apports alimentaires *(voir tableau ci-dessous).* La dose journalière recommandée par l'ANSES est estimée à 11 mg pour l'homme, pour la femme ayant des pertes menstruelles faibles ou normales (80 % de la population féminine non ménopausée) ainsi que pour la femme ménopausée. Les besoins sont estimés à 16 mg par jour pour la femme non ménopausée ayant des pertes menstruelles élevées.

Teneur en fer de quelques aliments[156]

Aliments	Teneur en fer (mg/100 g)
Spiruline	28,5
Boudin noir	22
Graines de sésame	14,6
Palourde	9,6
Germe de blé	8,9
Foie de veau	4,5
Chocolat noir, 70 % minimum	4,18
Pistaches grillées	4,1
Noix de cajou	3,9
Tofu	2,9
Lentilles	2,45
Haricots rouges	2,3
Huître	2,18
Épinards cuits	2,14

IX. FOIRE AUX QUESTIONS

1. La caféine contenue dans les boissons énergisantes peut-elle m'aider à améliorer mon jeu ?

Les boissons énergisantes se sont largement infiltrées dans le milieu sportif et le golf n'y a pas échappé ! Vous vous souvenez peut-être de la gourde ou du sac au logo vert fluo sur fond noir (pour ne pas citer la marque) du légendaire Tiger Woods. Ces boissons peuvent-elles augmenter vos performances ? Faisons le point.

Boisson énergétique versus *boisson énergisante*

Il est important de savoir distinguer les deux. Les boissons énergétiques, aussi appelées « boissons de l'effort », ont fait l'objet d'une partie dans le premier chapitre de ce guide. Rappelons qu'elles ont pour but de répondre aux besoins spécifiques du sportif. Leur composition varie en fonction de la durée et de l'intensité de l'effort. Elles peuvent également être apportées en récupération. Pour être correctement assimilées, elles ne doivent être ni acides, ni gazeuses, ni trop sucrées.

Les boissons énergisantes, quant à elles, ne sont pas des boissons de l'effort. Elles ont pour vocation d'augmenter l'énergie, les fonctions métaboliques, la vigilance, la performance... Les composés le plus souvent retrouvés sont, hormis le sucre, la caféine, la taurine et le glucuronolactone. De nombreuses études ont été menées sur leur impact lors d'efforts d'endurance et de force et leurs bénéfices semblent très anecdotiques en comparaison de leurs effets négatifs.

La caféine, ingrédient star des boissons énergisantes

La caféine est une substance largement consommée que l'on va retrouver dans le café mais aussi dans le thé, le maté, les noix de cola, le guarana... Dans les boissons énergisantes, le mot « caféine » n'est pas clairement écrit. Il faut donc savoir retrouver sous quels noms elle se cache.

C'est une molécule très bien assimilée que l'on retrouve rapidement dans le sang : après 5 minutes seulement[157] ! Le pic plasmatique survient environ 40 à 60 min après l'ingestion[158].

Chez la plupart des individus, 2-3 mg/kg de caféine seraient suffisants pour obtenir un effet ergogénique (qui améliore le rendement musculaire)[159-160]. Au-delà de 6 mg/kg, il n'y aurait pas d'effet positif supplémentaire[161]. Néanmoins, en fonction des habitudes de consommation, il existe de fortes variations individuelles[162].

L'effet dépend aussi de sa forme, la caféine pure ayant un peu plus d'effet que la même dose qui serait contenue dans un café du fait d'éventuels effets antagonistes[163].

Caféine et golf, que disent les études ?

Peu d'études ont été réalisées à ce sujet chez le golfeur. Nous nous reposerons sur les deux principales.

L'étude de référence a été menée en laboratoire mais en simulant une partie de golf. Elle démontrait que la consommation d'une boisson sucrée et caféinée diminuait la fatigue et améliorait la performance[164]. Étant donné qu'elle n'était pas réalisée en condition réelle, une équipe en a mené une autre en tournoi (36 trous)[165]. Deux doses de caféine étaient administrées : une avant la partie et la seconde après le 9e trou pour maintenir stable le taux de caféine dans le sang.

Malgré une méthodologie différente qui ne permet pas vraiment la comparaison des résultats, ces derniers demeurent discordants : une étude démontre une amélioration du long jeu mais pas du putting[164] et l'autre démontre l'inverse[165].

Quel que soit le sport pratiqué, la caféine demeure l'aide ergogénique la plus utilisée[166].

Elle diminuerait la sensation de fatigue et aurait un effet positif dans les sports sollicitant les fonctions cognitives : amélioration du temps de réaction, de la technique, de la stratégie[167-168-169-170]. Cet effet positif sur les plans physique et cognitif serait remarqué à dose modérée (100 à 300 mg)[169-171].

Les effets présumés de la caféine au golf

- L'atténuation de la sensation de fatigue et le maintien du niveau de vigilance.
- L'amélioration de certaines compétences spécifiques au golf.

Les effets non souhaités de la caféine à dose élevée

Ils sont nombreux alors concentrons-nous sur ceux qui peuvent être délétères à la pratique du golf[172-173-174].

- augmentation de la fréquence cardiaque et de la pression artérielle ;
- augmentation de l'élimination urinaire de calcium, de magnésium, de chlore et de sodium, ceci pouvant induire des désordres électrolytiques pendant l'effort et favoriser les blessures ;
- effet diurétique pouvant aggraver une déshydratation et favoriser les tendinites, les crampes, etc. ;
- altération des processus de thermorégulation lorsque l'exercice physique est pratiqué en ambiance chaude, induisant une augmentation de la température corporelle ;
- aggravation du stress ;

- insomnie ;
- tremblements ;
- maux de tête ;
- irritabilité, anxiété ;
- troubles gastro-intestinaux.

Les inconvénients d'une boisson énergisante

Le défaut majeur des boissons énergisantes est la quantité excessive de sucres simples qu'elles contiennent.

- L'assimilation digestive est fortement perturbée, donc inefficace.
- Le risque d'hypoglycémie réactionnelle est fortement augmenté.

Aussi, ces boissons sont en générales acidifiantes ce qui ne convient pas à l'équilibre du golfeur.

En guise de conclusion

En 2013, la SFNS* retient l'avis suivant : « *Les boissons énergisantes ne présentent pas, en l'état actuel des connaissances, d'intérêt nutritionnel démontré chez le sportif. L'étude bibliographique ne permet pas d'attribuer aux boissons énergisantes un effet positif sur l'amélioration des performances physiques chez le sportif, ni d'amélioration des défenses antioxydantes.* » En d'autres termes... les boissons énergisantes n'ont pas d'intérêt dans votre pratique golfique et peuvent même avoir des effets délétères.

Vous comprenez donc qu'être sujet à ces effets secondaires serait une vraie perte de chances pour votre partie et qu'il n'est pas envisageable de les risquer. Chez les sujets sensibles, il est préférable de s'abstenir dans les douze heures précédant la compétition.

* Société française de nutrition du sport.

Pour ceux qui souhaitent en consommer, il faudra bien connaître vos niveaux de tolérance nerveuse, gastro-intestinale... Essayez-les à l'entraînement et gardez toujours en tête qu'en compétition, le niveau de stress est augmenté. Le bénéfice apporté est-il toujours largement supérieur au risque encouru ? À vous seul de savoir si cela peut vous aider ou au contraire vous désavantager, faites votre propre expérience !

2. Les BCAA peuvent-ils m'aider à mieux récupérer ?

Que sont les BCAA ?

Les BCAA (*branched-chain amino acids*) aussi appelés « acides aminés branchés » sont des acides aminés essentiels que l'organisme ne sait pas produire. Il en existe trois : la **leucine**, la **valine** et l'**isoleucine**. Les BCAA représentent environ 30 % des acides aminés totaux présents dans les muscles. Ils doivent donc être apportés par l'alimentation ou par des compléments alimentaires lorsque cela est nécessaire. Les BCAA sont les compléments alimentaires les plus consommés par les sportifs.

La leucine, le plus important des BCAA

La leucine est principalement retrouvée dans les aliments riches en protéines tels que la viande, la spiruline ou les produits laitiers.

Teneur en leucine de quelques aliments[175]

Aliments	Quantité de leucine (mg/100 g)
Poulet avec peau	5 000
Spiruline	4 947
Parmesan	4 013
Lait écrémé en poudre	3 542
Bifteck	3 229
Gruyère	3 102
Bacon	3 008
Emmental	2 959
Escalope de veau	2 939
Dinde	2 726
Fromage de chèvre	2 631
Graine de courge	2 419
Thon albacore	1 920
Pois cassés	1 760
Pistache	1 542
Lait demi-écrémé	341

L'intérêt des BCAA pour le sportif

- Les BCAA font l'objet de nombreuses études afin de définir en quoi ils sont utiles au sportif. **Les BCAA amélioreraient la synthèse protéique.**
  - Ils sont un des constituants majeurs des protéines musculaires
  - Ils favorisent la prise de masse musculaire[176].
  - La leucine en particulier a un effet anabolisant permettant de construire des fibres musculaires.
  - Ils ont un rôle anti-catabolique : le muscle doit parfois puiser dans ses réserves d'acides aminés pendant l'effort. L'apport de BCAA à ce moment-là contre cet effet, le muscle subit donc moins de dégradation[177].

  - Ils sont utiles en phase de sèche pour éviter la dégradation musculaire.
- Pensez à consommer des BCAA **en cures**, après une blessure musculaire, afin de prévenir le catabolisme au sein des fibres.
- **Les BCAA augmenteraient la résistance à l'effort** et diminueraient la perception de la fatigue physique[178].
- **Les BCAA diminueraient la fatigue « cérébrale »** pendant l'effort : en évitant de produire de la sérotonine qui favorise la fatigue nerveuse et le relâchement musculaire.
- **Les BCAA limitent la diminution transitoire de glutamine** après l'effort et améliorent la récupération[179]**.**
- **Les BCAA peuvent être utilisées comme source d'énergie.** Quand le glycogène musculaire est épuisé, l'organisme puise dans ses réserves en acides aminés. Bien que l'objectif soit d'éviter cette situation, en cas d'entraînement physique intense, consommer des BCAA durant l'effort peut permettre d'éviter ce phénomène.
- **Les BCAA aideraient à brûler les graisses.** Ils peuvent être utiles lors d'un régime amaigrissant, en préservant la masse maigre notamment[180].
- **Les BCAA amélioreraient la récupération** entre les séries et les séances de musculation[181-182-183].
  - Ils diminuent les courbatures[184].
  - Ils permettent de maintenir une bonne fréquence d'entraînement.

Quand consommer les BCAA ?

Les BCAA se consomment avant, pendant et après l'entraînement sportif.

Avant l'effort, ils préservent le tissu musculaire. Après l'effort, ils optimisent la synthèse protéique favorable à la croissance musculaire et améliorent la récupération musculaire.

Répartir la prise avant et après l'effort augmenterait de manière conséquente l'anabolisme post-effort. Bien qu'il ne soit pas utile d'en consommer toute l'année, le golfeur ayant un volume d'entraînement important trouvera un intérêt à faire des cures régulièrement.

Comment et quelle quantité consommer ?

La leucine est le plus important des BCAA. Elle doit donc être apportée en quantité suffisante et dans le respect des proportions suivantes : **4/1/1** soit 4 leucines pour une valine et une isoleucine. Les laboratoires commercialisant ces produits l'ont bien compris, donc vous les trouverez assez facilement dans ces proportions.

La quantité en BCAA nécessaire sera à adapter au poids du sportif. Si vous consommez de la whey, n'oubliez pas que c'est la protéine en poudre qui contient le plus de BCAA. Référez-vous à l'étiquette pour bien prendre en compte ces apports.

Si vous consommez des BCAA sous forme de poudre, mélangez-la à de l'eau ou à votre boisson de l'effort pendant les entraînements de musculation. Commencez à la boire trente minutes avant le début des efforts en résistance.

- Par exemple si votre séance d'entrainement de musculation commence à 9 heures, avec quinze minutes d'échauffement cardio, commencez à boire vos BCAA à 8 h 45.
- Si vous optez pour une forme gélule, il faudra les répartir en deux prises : une heure et demie avant l'effort puis une heure et demie après.
- Le golfeur pourra également ajouter de la poudre de BCAA dans sa bouteille d'eau qu'il consommera tout au long de la partie. Associés aux snacks glucidiques, les BCAA contribueront à une bonne gestion de l'énergie et à éviter la sensation de faim pendant la partie.

Effets indésirables, précautions d'emploi

Les BCAA n'ont pas montré d'effets indésirables aux doses recommandées précédemment[185]. Par principe de précaution :

- les éviter chez la femme enceinte et allaitante ;
- les interrompre deux semaines avant une intervention chirurgicale.

Parce que le rythme soutenu du golfeur professionnel peut être fatigant et exigeant au niveau musculaire, les BCAA pourront vous aider à diminuer les courbatures entre deux sessions d'entraînement, à mieux récupérer au niveau musculaire et à diminuer la fatigue.

L'amateur qui pratique d'autres sports en parallèle, dont la musculation, trouvera également un intérêt à consommer des BCAA.

3. Ai-je intérêt à consommer des superaliments ?

Les superaliments, aussi appelés « superfood », sont au cœur d'un médiatique effet de mode. Les plus grands joueurs du PGA en consomment chaque jour, dans leur shaker de protéines ou au cours de leurs repas. L'image « healthy » que ces superaliments véhiculent contraste nettement avec celle du golfeur avalant un hot-dog et une portion de frites avant de commencer une partie !

Il était donc nécessaire de faire un point sur cette tendance : les superaliments ont-ils des propriétés extraordinaires ? Vont-ils réellement augmenter vos performances et sont-ils indispensables au golfeur ?

Qu'est-ce qu'un superaliment ?

Bien qu'il n'existe pas de définition scientifiquement reconnue, l'université d'Harvard définit le superaliment comme un aliment contenant de hauts niveaux de micronutriments, préventifs de certaines maladies et offrant simultanément de nombreux bénéfices santé.

Ils sont plébiscités par les sportifs en particulier outre-Atlantique et les golfeurs ne sont pas épargnés. Moins répandus chez nos athlètes français, penchons-nous néanmoins sur les plus connus d'entre eux.

L'ail

L'ail, grâce notamment à l'allicine qu'il contient, a des propriétés santé reconnues par l'Organisation mondiale de la santé.

- **Protecteur cardio-vasculaire** par la diminution du taux de cholestérol, des triglycérides, une amélioration de la souplesse des vaisseaux et une baisse de la pression sanguine[186].
- **Ralentisseur de la croissance des cellules cancéreuses** (il doit être pelé et écrasé)[187].
- **Stimulant du système immunitaire,** il diminue le risque d'infections de manière importante quand il est consommé quotidiennement[188].
- **Antioxydant.**
- **Détoxifiant.**
- **Régulateur de la glycémie[189].**

Le curcuma

C'est une épice célèbre qui fait l'objet d'un grand nombre d'études tant ses effets potentiels sont prometteurs.

- **Anti-inflammatoire** qui ne provoque pas d'irritation de l'estomac. Il peut être conseillé sous forme de complément alimentaire dans l'accompagnement des blessures[189].
- **Antioxydant[190].**
- **Anticoagulant** : ne pas se supplémenter en cas de trouble de la coagulation[191].
- **Hépato-protecteur,** détoxifiant.

Son composé actif, la curcumine, ne sera pas présent en quantité suffisante si votre consommation se résume à une pointe de couteau pour assaisonner vos plats. Si vous recherchez un effet anti-inflammatoire par exemple, il vous faudra avoir recours aux compléments alimentaires dont le dosage et la biodisponibilité permettront cette action.

Dans les compléments alimentaires, la curcumine est souvent associée à la pipérine (molécule active du poivre) afin d'augmenter sa biodisponibilité. Cependant, la pipérine peut être irritante pour la muqueuse intestinale. Pour éviter cet effet indésirable, de nouvelles formes de curcumine apparaissent sur le marché, sans pipérine et beaucoup mieux assimilables. Renseignez-vous auprès de votre micronutritionniste pour faire le choix d'un produit de qualité.

Les algues

Habituellement consommées dans nos plats japonais favoris, les algues se démocratisent petit à petit du fait de leur incroyable richesse en micronutriments.

Prenons l'exemple de la laitue de mer, algue la plus répandue et la plus consommée en France. Elle est riche :

- **en protéines** (environ 15 g/100 g), favorables au maintien de la masse musculaire ;
- **en fibres,** nécessaires à une bonne santé digestive ;
- **en minéraux :** magnésium, potassium, sodium, iode (ne pas en consommer de manière excessive en cas de dérèglement thyroïdien), fer (responsable de l'oxygénation du sang, notamment à l'effort) ;
- **en vitamines** A, B12 et C ;
- **en antioxydants**, comme la chlorophylle.

Son statut de superaliment vient du fait qu'elle peut contenir jusqu'à huit fois plus de **vitamine C** que l'orange, dix fois plus de **calcium** que le lait, dix fois plus de **magnésium** que le germe de blé et douze fois plus de **fer** que les lentilles.

Elle constitue un aliment de choix pour les personnes souhaitant :

- stimuler leur immunité ;
- combler d'éventuels déficits, notamment en fer pour diminuer la fatigue ;
- participer à la détoxication des liquides sanguins, grâce à la chlorophylle ;
- participer au bon équilibre de la flore intestinale ;
- lutter contre l'acidité de l'organisme ;
- maintenir leur solidité osseuse, grâce notamment à son fort taux de calcium.

Vous pouvez les acheter fraîches ou séchées.

Le brocoli

Le brocoli est un légume aux nombreux bienfaits :

- protection oculaire contre les méfaits du soleil et de l'âge[193-194] ;
- protection cardio-vasculaire[195] ;
- détoxifiant par élimination des polluants de notre organisme ;
- ralentissement de la croissance des cellules cancéreuses[196].

Sa richesse en lutéine et en zéaxanthine, notamment, lui confère son statut de superaliment[197-198].

Consommez-le cru ou légèrement cuit à la vapeur (la cuisson dans l'eau détruit rapidement la majorité des substances intéressantes), avec un filet d'huile d'olive pour améliorer l'absorption des micronutriments.

Les myrtilles

On attribue à ces délicieuses baies de multiples propriétés :

- protection de la vision, en particulier nocturne[199-200] ;
- protection cardio-vasculaire[201-202] ;
- baisse du niveau de sucre sanguin ;
- amélioration de la concentration et de la mémoire en cas de consommation quotidienne ;
- ralentissement de la croissance des cellules cancéreuses[203].

Ses effets sont principalement liés à sa richesse en antioxydants (anthocyanines).

Pratiques à consommer, vous pouvez les acheter surgelées, leurs propriétés n'en seront pas altérées. Au petit déjeuner avec vos flocons d'avoine, mixées dans votre shaker de protéines, en collation avec des noix dans l'après-midi. C'est sans conteste le superaliment le plus facile à intégrer dans votre quotidien !

Les autres…

Les baies (acaï, goji, extrêmement riches en antioxydants, fibres, vitamines, etc.), les graines de chia, la maca, le maté, la spiruline, la grenade, les noix, le chou kale…

J'ai volontairement mis en avant les superaliments que vous pourrez trouver facilement, au juste prix et dont les effets sont reconnus. Concernant les autres, plus exotiques, sachez que la plupart du temps, les composés contenus dans ces superaliments se retrouvent dans des aliments plus accessibles, moins mis en avant et moins onéreux. Avant de succomber aux promesses vantées par d'efficaces équipes marketing, prenez le temps de chercher quels produits non cultivés à l'autre bout du monde peuvent vous apporter les mêmes bénéfices santé.

4. Je dors mal, cela peut-il perturber mon niveau de performance ? Existe-t-il des solutions naturelles ?

Aujourd'hui ce n'est plus à prouver, le sommeil est aussi important dans l'équilibre du sportif que sa nutrition et son niveau d'entraînement.

Un sommeil altéré influencera votre jeu par ses répercussions sur les plans physique et cognitif. Si ce trouble devient chronique, il pourra affaiblir d'autres grandes fonctions comme le système immunitaire et favoriser la prise de poids, l'apparition de certaines maladies...

Le golfeur a besoin d'un sommeil de qualité

- Pour préserver son bon état de santé.
- Pour récupérer au niveau musculaire après un entraînement ou une compétition.
- Pour mémoriser les informations qui auront été transmises lors de ses coachings.

Les facteurs qui peuvent perturber le sommeil

- Le stress.
- La prise de boissons stimulantes.
- La consommation d'alcool, après la partie par exemple.

Dans certains cas, les troubles du sommeil peuvent être liés à une apnée du sommeil. Elle est importante à diagnostiquer, surtout lorsque l'on fait de la compétition car c'est un réel frein à la performance, comme a pu le montrer une étude réalisée chez des golfeurs apnéiques. Un appareillage adapté a significativement amélioré leur jeu et même leur handicap[204-205].

Symptômes évocateurs d'une apnée du sommeil

- Un ronflement sévère et quotidien.
- Des réveils en sursaut avec sensation d'asphyxie ou d'étouffement.
- Un sommeil agité, non réparateur, entrecoupé de micro-éveils à répétition.
- Des cauchemars sur des thèmes d'asphyxie, de chute ou de mort imminente.

Pendant la journée, les conséquences des apnées se traduisent par :

- Une somnolence excessive, non expliquée par d'autres facteurs.
- Des difficultés à se concentrer, à mémoriser.
- Des troubles de l'humeur, une certaine irritabilité.
- Parfois des maux de tête, surtout le matin.
- Des troubles de la libido ou des troubles de l'érection.

Les principes d'un bon sommeil pour le golfeur

- **Dormir un nombre d'heures suffisant** : entre sept et neuf heures serait l'idéal. D'après une interview menée auprès de quelques joueurs du PGA Tour, huit heures semble être une durée de sommeil suffisante pour certains d'entre eux. C'est en tout cas le temps de sommeil de joueurs talentueux comme Tony Finau, Paul Casey, Matt Kuchar...
  Si vous êtes en déplacement ou que vous ne pouvez pas toujours bénéficier de ce temps de sommeil, alors pensez à la sieste (20 minutes) ! Elle vous permettra de retrouver vigilance et tonus et de ne pas augmenter votre dette en sommeil.
- **Avoir un sommeil de qualité,** sans interruptions.
- **Aller dormir au moment identifié comme étant le plus bénéfique** et en adéquation avec votre propre rythme. Évitez le coucher après minuit, les premiers cycles de sommeil étant les plus réparateurs.

Recommandations pour un sommeil de qualité

Les troubles du sommeil sont souvent dus à des comportements inadéquats pendant la journée et pendant les heures précédant le coucher. Voici donc quelques recommandations simples pour favoriser un sommeil de qualité[206].

- **Levez-vous et couchez-vous à des heures régulières** : ceci établira votre rythme circadien et rehaussera la qualité de votre sommeil.

- **Assurez-vous de vous exposer au soleil ou à la lumière** pendant la journée.
- **Privilégiez les activités calmes** une à deux heures avant le coucher (lecture, musique douce).
- **Évitez les activités stimulantes** une à deux heures avant le coucher, comme l'exercice physique, les jeux vidéo, les écrans en général, en particulier dans la chambre.
- **Évitez les repas trop lourds** avant le coucher car la digestion est ralentie pendant le sommeil. Si vous prenez une collation avant le coucher, choisissez un glucide à faible indice glycémique.
- **Si vous vous réveillez pendant la nuit pour uriner**, modifiez la répartition de vos apports hydriques en réduisant votre apport de fluides après 20 heures.
- **Évitez la caféine** dans les six heures précédant l'heure du coucher.
- **Assurez-vous d'avoir un milieu de sommeil optimal :** très noir, calme et confortable.
- **Dormez dans une chambre fraîche,** sur une literie de qualité.
- **Si besoin, utilisez des techniques de relaxation**, de respiration, pratiquez la méditation, la cohérence cardiaque...
- **N'utilisez aucun complément alimentaire** ni aucun médicament censé avoir une influence sur le sommeil sans l'avis de votre pharmacien ou de votre médecin.

Comme l'ont bien compris certaines ligues comme la NFL et la NBA qui emploient des spécialistes du sommeil pour suivre leurs joueurs, les golfeurs devront être attentifs à leur sommeil pour optimiser leur jeu, dont leur mental.

Les plantes qui favorisent le sommeil

Plante	Actions	Contre-indications*	Interactions médicamenteuses*
Eschscholtzia	- Améliore l'endormissement - Améliore la structure du sommeil en augmentant le sommeil profond réparateur et en diminuant le sommeil léger - Anxiolytique	- Enfants - Femmes enceintes et allaitantes	- Certains antidépresseurs - Anti-hypertenseurs - Sédatifs de synthèse (adapter le dosage)
Valériane	- Améliore la qualité du sommeil sans impacter la vigilance et la tension diurne - Hypnotique au bout de 15 jours environ - Myorelaxante - Diminue le stress la journée du lendemain	- Enfants - Femmes enceintes et allaitantes	- Sédatifs de synthèse (adapter le dosage)
Passiflore	- Anxiolytique - Sédative	- Enfants - Femmes enceintes et allaitantes	- Sédatifs de synthèse (adapter le dosage)

* liste des contre-indications et interactions non exhaustive

5. Quelles plantes peuvent m'aider à mieux gérer mon stress ?

En complément d'une cure de magnésium, les plantes regroupées dans le tableau suivant peuvent vous aider à diminuer votre stress et/ou à gérer les symptômes liés à celui-ci.

Type de stress	Plante	Actions	Contre-indications*	Interactions médicamenteuses*
Ponctuel **Appréhension et somatisation : palpitations, spasmes intestinaux...**	Aubépine	- Cardio-régulateur : évite les palpitations, la tachycardie en cas de stress - Diminue la moiteur des mains - Diminue les tremblements - Anxiolytique - Sédative		- Digitaline - Anti-hypertenseurs - Hypolipémiants - Sédatifs
	Passiflore	- Cardio-régulateur - Myorelaxant - Diminue les spasmes intestinaux et l'accélération du transit liés au stress	- Enfants - Femmes enceintes et allaitantes	- Sédatifs de synthèse (adapter le dosage)
Chronique **Fatigue tout au long de la journée, surmenage, difficultés de concentration...**	Rhodiole	- Adaptogène - Anxiolytique - Maintien le niveau de cortisol à doses physiologiques[207] - Amélioration de la résistance physique par augmentation de la production d'ATP[208] - Amélioration des capacités cognitives dont l'apprentissage[209] - Bloque la destruction de la sérotonine et de la dopamine - Contribue à retrouver une humeur positive	- Enfants - Femmes enceintes et allaitantes - Trouble bipolaire (phase maniaque)	

* liste des contre-indications et interactions non exhaustive

6. J'aimerais consommer des protéines en poudre à l'entraînement, comment les choisir ?

Lorsque la préparation physique et l'objectif sportif à atteindre exigent des apports protéiques élevés, il est souvent difficile de les couvrir uniquement avec les repas. C'est pourquoi il est répandu dans le milieu sportif d'avoir recours aux protéines en poudre pour optimiser cet apport. De plus, elles sont pratiques car faciles à transporter et à consommer. Mais laquelle choisir ? Quels sont les avantages et les inconvénients de chacune ?

Avantages/Inconvénients des principaux types de protéines en poudre

Sources		Avantages Caractéristiques	Inconvénients
Blanc d'œuf		- Très haute valeur biologique - Très digeste - Assimilation à vitesse modérée - Alternative pour les intolérants aux protéines de lait	- Mauvais goût (en poudre), c'est pourquoi elle est de moins en moins utilisée - Coût élevé
Protéines végétales : Riz, pois, soja, haricot, lupin, chanvre...		- Action anti-catabolique - Elles peuvent contenir des facteurs antinutritionnels qui limitent leur assimilation	- Action anabolique faible (le soja est moins efficace que le lait pour augmenter la force)[210] - Goût peu agréable
Lait	Caséine (80 %)	- Haute valeur biologique - Très digeste - Assimilation lente - Elle porte avec elle le calcium laitier - Élévation du taux de protéines sanguin modérée mais de longue durée	- Déconseillé en cas d'hyperperméabilité intestinale, de troubles digestifs, de maladie auto-immune

		Utilisation : – en post-entraînement, mélangée à la whey – avant le début d'une épreuve de longue durée (> 3 heures) sans possibilité d'apport protéique solide – au coucher pour son action anti-catabolique[211-212] **Formes :** – *caséinate de calcium* : à proscrire, protéine dénaturée aux propriétés anti-cataboliques diminuées La moins chère, la plus vendue – *caséine micellaire* : à préférer, plus chère	
	Whey (20 %)	– Très haute valeur biologique – La plus digeste – Assimilation rapide – Riche en BCAA – N'augmente pas la perméabilité intestinale – Élévation du taux de protéines sanguin élevée mais de courte durée **Utilisation** : – en post-entraînement : apport rapide d'acides aminés dont les BCAA pour un effet anabolisant optimal **Formes** : – *whey d'origine fromagère* : à proscrire – *whey d'origine laitière* : • concentrat : meilleur goût que l'isolat, la moins chère, la plus vendue. • l'isolat : plus qualitative que le concentrat, meilleure tolérance digestive. Plus onéreuse.	– Moins satiétogène que la caséine

Quelques précisions

- La vitesse d'assimilation de la caséine, considérée comme protéine lente, ne diffère en réalité que de quelques minutes par rapport à la whey. La différence réside surtout dans la durée de l'élévation du taux protéique dans le sang qui est nettement supérieur pour la caséine.
- N'hésitez pas à vous renseigner auprès du laboratoire commercialisant la protéine que vous consommez sur l'origine des produits, le mode d'élevage des vaches laitières, leur alimentation (bio, sans hormones, etc.).
- Le moment de prise idéal varie en fonction du type de protéine sélectionnée et de l'effet recherché. Il conditionnera en partie l'efficacité de cet apport protéique.
- Achetez des protéines de laboratoires français à la composition garantie antidopage qui garantissent leur traçabilité et sécurité.
- Elles sont à réserver aux jours d'entraînement en résistance. Les jours de repos, couvrez vos besoins avec l'alimentation, les protéines en poudre ne sont pas plus efficaces que les protéines solides, elles permettent juste d'atteindre un objectif quantitatif[213].
- Variez les goûts pour ne pas vous lasser.
- En cas de troubles digestifs, variez les sources protéiques : alternance protéines animales/végétales par exemple.

Protéines et toxicité rénale

Contrairement à l'idée reçue largement répandue, il a été démontré qu'elles ne sont pas nocives pour la santé rénale quand elles sont consommées en quantité responsable[214].

En revanche, l'OMS a classé dans le groupe[215] :

- « carcinogène pour l'homme », la viande transformée : charcuteries ;

- « carcinogène probable », la viande rouge : bœuf, veau, mouton, agneau, cheval.

Leur effet carcinogène serait lié à l'excès de fer, au mode de cuisson (partie brûlée des grillades par exemple), à l'ajout de sels nitrés dans les viandes préparées (en particulier la charcuterie).

Les protéines en poudre constituent un outil pratique et presque indispensable au sportif de haut niveau. Prenez le temps de bien les choisir et utilisez-les de manière raisonnée pour une efficacité optimale.

7. Il est recommandé de consommer des légumineuses deux fois par semaine minimum, quelles sont mes options ?

Les légumes secs sont très riches d'un point de vue nutritionnel. Ils contiennent des fibres et de nombreux micronutriments, tels que le magnésium, le potassium, etc. Il est recommandé d'en consommer au minimum deux fois par semaine. Leur consommation a un effet préventif dans la survenue de certaines maladies comme le cancer colorectal, le diabète, les maladies cardio-vasculaires, etc.

Les légumineuses sont indispensables à l'équilibre du golfeur.

Pensez toutefois à bien les tremper avant cuisson pour optimiser l'assimilation de tout ce que les légumineuses ont à vous offrir. Afin de varier les plaisirs, vous pouvez vous inspirer de la liste suivante :

- les fèves,
- les différents haricots, de couleurs variables : le lingot, le coco, le haricot noir, rouge, le flageolet, le mungo, l'azuki, etc. ;
- les lentilles ;

- les pois chiches ;
- le soja ;
- les pois cassés ;
- les arachides ;
- le lupin ;
- le fenugrec.

8. Je suis intolérant au gluten, par quoi remplacer les céréales à base de blé ?

Les sujets intolérants au gluten doivent éviter les aliments sources au risque de s'exposer à certains troubles digestifs tels que les douleurs intestinales et les ballonnements.

Principales céréales, avec ou sans gluten

Aliments sources de gluten	**Aliments sans gluten**
Blé	Maïs
Boulgour	Riz
Seigle	Quinoa
Orge	Amarante
Épeautre	Millet
Kamut	Sarrasin
	Avoine (certaines variétés)

Conclusion
Golf et micronutrition

Quels que soient votre besoin et votre niveau de golf, faites-vous toujours accompagner dans votre démarche micronutritionnelle. Il est préférable de maîtriser ce domaine afin de :

- **hiérarchiser les besoins :** lorsqu'une perturbation apparaît, elle est souvent le fruit de plusieurs dérèglements qu'il faudra traiter par ordre de priorité ;
- **choisir les produits adaptés** parmi une offre toujours plus large : ceux dont l'innocuité sera garantie, qui vous fourniront les matières premières de bonne qualité pour la meilleure efficacité et à dosage efficace.

Avoir recours à la complémentation chez le golfeur permettra de répondre à un besoin préalablement identifié qui entrave sa progression ou affecte son bien-être ou son plaisir à jouer. La complémentation doit être ponctuelle et indissociable de la mise en place de mesures nutritionnelles visant à prévenir la récidive des troubles en cause.

En achevant ce chapitre concernant la micronutrition, vous vous êtes intéressé en profondeur au « terrain ». Cette approche vous a permis d'aller au-delà de la diététique, au-delà de la nutrition sportive, qui constituent néanmoins des bases indispensables.

Les moyens d'action détaillés tout au long de cet ouvrage vous permettront, grâce à la nutrition, de corriger les déséquilibres auxquels nous sommes tous confrontés du fait de notre mode de vie et de nos habitudes alimentaires. En maîtrisant ces notions, vous permettrez à votre organisme de fonctionner au plus près de l'équilibre, limitant ainsi le risque de dérèglements en cascade.

Vous avez maintenant en main de nombreux outils vous permettant d'optimiser à la fois vos performances et votre récupération. Utilisez-les pour répondre à vos propres besoins, ces derniers différant en fonction du niveau de jeu (amateur ou professionnel), de l'âge (senior), des antécédents personnels...

Le golf est un sport qui peut être pratiqué sans limite d'âge, alors profitons-en pour mettre à profit toutes les connaissances dont nous disposons pour faire de notre corps un matériel confortable, performant et toujours prêt à progresser.

Bibliographie

1. « Position of Dietitians of Canada, the American Dietetic Association, and the American College of Sports Medicine : Nutrition and Athletic Performance ». 2000. *Can J Diet Pract Res* 61 (4) : 176-92.

2. Hargreaves M. 2001. « Pre-exercise nutritional strategies : effects on metabolism and performance ». *Canadian Journal of Applied Physiology* 26 (S) : 64-70.

3. Moyne G. CREPS Rhône-Alpes. Les qualités physiques. http://perftt2.univ-lyon1.fr/spiral-files/download?mode=inline&data=68403

4. Wells G, Collier D. 2011. « Golf et nutrition : Bien se nourrir pour gagner ». http://www.rcga.org/_uploads/documents/Golf_Nutrition_2012_fr.PDF.

5. McHardy A, Pollard H. 2005. « Muscle activity during the golf swing ». *Br J Sports Med* 39 (11) : 799-804.

6. Eichenberger P, Mettler S, Arnold M, Colombani PC. 2010. « No Effects of Threeweek Consumption of a Green Tea Extract on Time Trial Performance in Endurance-trained Men ». *Int J Vitam Nutr Res* 80 (1) : 54-64.

7. Haussinger D, Lang F. 1992. « Cell volume and hormone action » 13 (10) : 371-73.

8. Haussinger D, Roth E *et al.* 1993. « Cellular hydration state : an important determinant of protein catabolism in health and disease ». *Lancet* 341 (8856) : 1330-32.

9. Smith, Mark F, Newell J *et al.* 2011. « Effect of Acute Mild Dehydration on Cognitive-Motor Performance in Golf ». *J Strength Cond Res* 26 (11) : 3075-80.

10. CNRS. s. d. « Eau potable : les eaux de source et les eaux minérales ». Consulté le 9 novembre 2018. http://sagascience.cnrs.fr/doseau/decouv/potable/sourceMin.html.

11. Lecoultre V, Benoit R *et al.* 2010. « Fructose and glucose co-ingestion during prolonged exercise increases lactate and glucose fluxes and oxidation compared with an equimolar intake of glucose ». *The American Journal of Clinical Nutrition* 92 (5) : 1071-79.

12. EFSA Panel on Dietetic Products, Nutrition, and Allergies (NDA). 2010. « Scientific Opinion on Dietary reference values for water ». *EFSA Journal* 8 (3) : 1459.

13. van Hamont D, Harvey CR, Massicotte D, Frew R, Peronnet F, Rehrer NJ. 2005. « Reduction in muscle glycogen and protein utilization with glucose feeding during exercice ». *Int J Sport Nutr Exerc Metab* 15 (4) : 350-65.

14. Howarth KR, Phillips SM, MacDonald MJ, Richards D, Moreau NA, Gibala MJ. 2010. « Effect of glycogen availability on human skeletal muscle protein turnover during exercise and recovery ». *J Appl Physiol* 109 (2) : 43-48.

15. Jentjens R, Jeukendrup AE. 2003. « Determinants of post-exercise glycogen synthesis during short-term recovery ». *Sports Med* 33 (2) : 117-44.

16. ANSES. « Les protéines ». Consulté le 30 avril 2019. https://www.anses.fr/fr/content/les-prot%C3%A9ines.

17. Munro HN. 1982. « Adaptation of body protein metabolism in adult and aging man ». *Clin. Nutr* 1 (2) : 96-108.

18. Moore LJ, Midgley A, Vince R, Mc Naughton LR. 2011. « The effects of low and high glycemic index 24h recovery diets on cycling time trial performance ». *J Sports Med Phys Fitness* 51 (2) : 233-40.

19. ANSES. Consulté le 30 avril 2019. https://ciqual.anses.fr/.

20. Freidman JE, Neufer PD, Dohm GL. 1991. « Regulation of glycogen resynthesis following exercise. Dietary considerations ». *Sports Med* 11 (4) : 232-43.

21. Danforth WH. 1965. « Glycogen synthetase activity in skeletal muscle. Interconversion of two forms and control of glycogen synthesis ». *J Biol Chem* 240: 588-93.

22. JovanovicA, Leverton E, Solanky B, Ravikumar B *et al.* 2009. « The second meal phenomenon is associated with enhanced muscle glycogen storage in humans ». *Clinical Science* 117 (3) : 119-27.

23. Plataforma SINC. 2008. « Caffeine Has Greater Effect On Men, And Starts Only Ten Minutes After Consumption ». https://www.sciencedaily.com/releases/2008/12/081222113526.htm.

24. Adan *et al.* 2008. « Early effects of caffeinated and decaffeinated coffee on subjective state and gender differences ». *Progress in Neuro-Psychopharmacology and Biological Psychiatry* 32 (7) : 1698-1703.

25. Freeman MP, Helgason C, Hill RA. 2004. « Selected integrative medicine treatments for depression : considerations for women ». *J Am Med Wom Assoc* 59 (3) : 216-24.

26. Rodriguez NR, Di Marco NM, Langley S. 2009. « American College of Sports Medicine position stand : Nutrition and athletic performance ». *Med Sci Sports Exerc* 41 (3) : 709-31.

27. Leu-Semenescu S, Arnulf I, Decaix C, Moussa F, Clot F, Boniol C *et al.* 2010. « Sleep and rhythm consequences of a genetically induced loss of serotonin ». *Sleep* 33 (3) : 307-14.

28. Louise Burke *et al* 2006. 2012. « Clinical Sports Nutrition 4th Ed ». *J Can Chiropr Assoc* 56 (2) : 159.

29. Eggleton MG. 1942. « The diuretic action of alcohol in man ». *V* 101 (2) : 172-91.

30. Shirreffs S, Maughan R. 1997. « Restoration of fluid balance after exercise-induced dehydration : effects of alcohol consumption ». *Journal of Applied Physiology* 83 (4) : 1152-58.

31. Barnes MJ, Mündel T, Stannard SR. 2010. « Acute alcohol consumption aggravates the decline in muscle performance following strenuous eccentric exercise ». *J Sci Med Sport* 13 (1) : 189-93.

32. Prentice, Christopher *et al.* 2015. « Effects of heavy episodic drinking on physical performance in club level rugby union players ». *Journal of Science and Medicine in Sports* 18 (3) : 268-71.

33. Parr EB, Camera DM, Areta JL, Burke LM, Phillips SM, *et al.* 2014. « Alcohol Ingestion Impairs Maximal Post-Exercise Rates of Myofibrillar Protein Synthesis following a Single Bout of Concurrent Training ». *PLoS One* 9 (2) : e88384.

34. Barnes MJ. 2014. « Alcohol : impact on sports performance and recovery in male athletes ». *Sports Med* 44 (7) : 909-19.

35. Burke L, van Loon L, Hawley J. 2017. « Postexercise muscle glycogen resynthesis in humans ». *Journal of Applied Physiology* 122 (5) : 1055 67.

36. Moreau P. 1993. « La micronutrition en biologie et pratique clinique : radicaux libres, vitamines, éléments traces essentiels, acides aminés ». Lavoisier.

37. Gosheger G, Liem D, Ludwig K, *et al.* 2003. « Injuries and overuse syndromes in golf ». *Am J Sports Med* 31 (3) : 438-43.

38. Wolkodoff N. 1997. « Physical golf ». *KickPoint Press*.

39. McCarroll JR. 1990. « Injuries in the amateur golfer ». *Phys Sportsmed* 18 (3) : 122-26.

40. McCarroll JR, Gioe TJ. 1982. « Professional golfers and the price they pay ». *Phys Sports Med* 10 (7) : 54-70.

41. McCarroll JR. 1996. « The frequency of golf injuries ». *Clin Sports Med* 15 (1) : 1-7.

42. Westcott WL, Parziale JR. 1997. « Golf power ». *Fitness Management* 13: 39-41.

43. Brind J, Malloy V, Augie I, Caliendo N, Vogelman JH, Zimmerman JA, Orentreich N. 2011. « Dietary glycine supplementation mimics lifespan extension by dietary methionine restriction in Fisher 344 rats ». *The FASEB Journal* 25: 528.

44. Eastoe JE. 1955. « The amino acid composition of mammalian collagen and gelatin ». *Biochem J* 61 (4) : 589-600.

45. Zdzieblik D, Oesser S, Baumstark MW, Gollhofer A, König D. 2015. « Collagen peptide supplementation in combination with resistance training improves body composition and increases muscle strength in elderly sarcopenic men : a randomised controlled trial ». *Br J Nutr* 114 (8) : 1237-45.

46. Sun K, Wu Z, Ji Y, Wu G. 2016. « Glycine Regulates Protein Turnover by Activating Protein Kinase B/Mammalian Target of Rapamycin and by Inhibiting MuRF1 and Atrogin-1 Gene Expression in C2C12 Myoblasts ». *J Nutr* 146 (12) : 2461-67.

47. Sekhar RV, Patel SG, Guthikonda AP, Reid M, Balasubramanyam A, Taffet GE, Jahoor F. 2011. « Deficient synthesis of glutathione underlies oxidative stress in aging and can be corrected by dietary cysteine and glycine supplementation ». *Am J Clin Nutr* 94 (3) : 847-53.

48. Sekhar RV1, McKay SV, Patel SG, Guthikonda AP, Reddy VT, Balasubramanyam A, Jahoor F. 2011. « Glutathione synthesis is diminished in patients with uncontrolled diabetes and restored by dietary supplementation with cysteine and glycine ». *Diabetes Care* 34 (1) : 162-67.

49. Dr de Paz lugo P. s. d. « Cellular Metabolism Institute la Laguna ».

50. Meléndez-Hevia E, De Paz-Lugo P, Cornish-Bowden A, Cárdenas ML. 2009. « A weak link in metabolism : the metabolic capacity for glycine biosynthesis does not satisfy the need for collagen synthesis ». *J Biosci* 34 (6) : 853-72.

51. Legault Z, Bagnall N, Kimmerly DS. 2015. « The Influence of Oral L-Glutamine Supplementation on Muscle Strength Recovery and Soreness Following Unilateral Knee Extension Eccentric Exercise ». *Int J Sport Nutr Exerc Metab* 25 (5) : 417-26.

52. Perriello G, Nurjhan N, Stumvoll M *et al.* 1997. « Regulation of gluconeogenesis by glutamine in normal post-absorptive humans ». *Am. J. Physiol* 272 (3) : 437-45.

53. Rowbotto DG, Keast D, Morton AR. 1996. « The emerging role of glutamine as an indicator of exercise stress and overtraining ». *Am. J. Physiol* 21 (2) : 80-97.

54. Candow DG, Chilibeck PD *et al.* 2001. « Effect of glutamine supplementation combined with resistance training in young adults ». *Eur J Appl Physiol* 86 (2) : 142-49.

55. Antonio J, Sanders MS *et al.* 2002. « The effects of high-dose glutamine ingestion on weightlifting performance ». *J Strength Cond Res* 16 (1) : 157-60.

56. Falk DJ, Heelan KA *et al.* 2003. « Effects of effervescent creatine, ribose, and glutamine supplementation on muscular strength, muscular endurance, and body composition ». *J Strength Cond Res* 17 (4) : 810-16.

57. Fehrenbach E, Niess AM *et al.* 2005. « Exercise intensity and duration affect blood soluble HSP 72 ». *Int J Sports Med* 26 (7) : 552-57.

58. Colombrita C *et al.* 2003. « Regional rat brain distribution of heme oxygenase-1 and manganese superoxide dismutase mRNA : relevance of redox homeostasis in the aging processes ». *Exp Biol Med* 228 (5) : 517-24.

59. Scapagnini G *et al.* 2002. « Caffeic acid phenethyl ester and curcumin : a novel class of heme oxygenase-1 inducers ». *Mol Pharmacol* 61 (3) : 554-61.

60. Suboticanec-Buzina K, Buzina R, Brubacher G, Sapunar J, Christeller S. 1984. « Vitamin C status and physical working capacity in adolescents ». *Int J Vitam Nutr Res* 54 (1) : 55-60.

61. European Food Safety Authority (EFSA). s. d. « Scientific Opinion on Dietetary reference Values for vitamin C », 2013.

62. Suh SY et al. 2012. « Intravenous vitamin C administration reduces fatigue in office workers : a double-blind randomized controlled trial ». *Nutr J* 11: 7.

63. Douglas RM, Hemilä H, Chalker E, Treacy B. 2007. « Vitamin C for preventing and treating the common cold ». *Cochrane Database Syst Rev* 18 (3) : CD000980.

64. ANSES. Consulté le 27 mai 2019. https://ciqual.anses.fr/.

65. EFSA. Consulté le 16 juin 2019. https://www.efsa.europa.eu/fr/press/news/150629

66. Besson PG. 1991. « Acide-base, une dynamique vitale ». Jouvence Ed.

67. Sebastian A, Frassetto LA *et al.* 2002. « Estimation of the net acid load of the diet of ancestral preagricultural Homo sapiens and their hominid ancestors ». *Am J Clin Nutr* 76 (6) : 1308-16.

68. Remer T, Manz F. 1995. « Potential renal acid load of foods and its influence on urine pH ». *J Am Diet Assoc* 95 (7) : 791-97.

69. Vormann J, Remer T. 2008. « Dietary, metabolic, physiologic, and disease-related aspects of acid-base balance : foreword to the contributions of the second International Acid-Base Symposium » 138 (2) : 413S-414S.

70. Wynn, Raetz *et al.* 2009. « The composition of mineral waters sourced from Europe and North America in respect to bone health : composition of mineral water optimal for bone ». *Br J Nutr* 101 (8) : 1195-99.

71. Brandolini M, Guéguen L. 2005. « Higher calcium urinary loss induced by a calcium sulphate-rich mineral water intake than by milk in young women ». *Br J Nutr* 93 (2) : 225-31.

72. Guillemant J, Tran-Lee H *et al.* 2000. « Mineral water as a source of dietary calcium : acute effects on parathyroid function and bone resorption in young men ». *Am J Clin Nutr* 71 (4) : 999-1002.

73. Irrcher I, Adhihetty PJ *et al.* 2003. « Regulation of mitochondrial biogenesis in muscle by endurance exercice ». *Sports Med* 33 (11) : 783-93.

74. Poortmans J-R, Boisseau N. s. d. « Stress et exercice. Biochimie des activités physiques ». *De boeck Université*, 411-31.

75. Mezzeti A, Lapenna D *et al.* 1996. « Systematic oxydative stress and its relashionship to age and illness ». *J Am Geriat Assoc* 44 (7) : 823-27.

76. Lesgards JF *et al.* 2002. « Assessment of lifestyle effects on theoverall antioxydant capacity of healthy subjects ». *Env. Health Perspect* 110 (5) : 479-82.

77. Schippinger G, Wonisch W *et al.* 2002. « Lipid peroxydationand antioxydant status in professional American football players during competition ». *Eur J Clin Invest* 32 (9) : 686-92.

78. Sjodin R, Westing-Hellsten Y *et al.* 1990. « Biochemical mechanisms for oxygen free radical formation during exercice ». *Sports Med* 10 (4) : 236-54.

79. Jackson MJ, McArdle A. 2011. « Age-related changes in skeletal muscle reactive oxygen species generation and adaptive responses to reactive oxygen species ». *J Physiol* 589: 2139-45.

80. Pingitore A, Lima GP, Mastorci F et al. 2015. « Exercise and oxidative stress : potential effects of antioxidant dietary strategies in sports ». *Nutrition* 31 (7) : 916-22.

81. Reid MB, Khawli FA, Moody MR. 1985. « Reactive oxygen in skeletal muscle. Contractility of unfatigued muscle ». *J Appl Physiol* 75 (3) : 1081-87.

82. David B. Haytowitz, Seema Bhagwat. 2010. « USDA Database for the Oxygen Radical Absorbance Capacity (ORAC) of Selected Food, Release ».

83. Gil *et al.* 1998. « Aetiology of running related gastrointestinal dysfunction ». *Sport Med* 26 (6) : 365-78.

84. Moreau MC et al. 2001. « Influence of resident intestinal microflora on the development and functions of the gut-associated lymphoid tissue ». *Microb. Ecology Health Dis* 13: 65-86.

85. Riché D, Chos D. 2008. *Micronutrition, santé et performance : comprendre ce qu'est vraiment la micronutrition.* De Boeck.

86. Seignalet J. 2001. *L'alimentation ou la 3e médecine.* FX de Guibert.

87. Quigley EM. 2011. « Microflora modulation of motility ». *J Neurogastroenterol Motil* 17 (2) : 140-47.

88. Voinot F. 2012. « Axe cerveau-intestin et contrôle de la prise alimentaire : exemple d'altérations chez un modèle animal de schizophrénie ». https://tel.archives-ouvertes.fr/tel-00790379/document, consulté le 21.05.19

89. Jiang H, Ling Z, Zhang Y *et al.* 2015. « Altered fecal microbiota composition in patients with major depressive disorder ». *Brain Behav Immun* 48: 186-94.

90. Tillisch K, Labus J, Kilpatrick L, Jiang Z, Stains J, Ebrat B *et al.* 2013. « Consumption of Fermented Milk Product With Probiotic Modulates Brain Activity ». *Gastroenterology* 144 (7) : 1394-1401.

91. Gondalia SV, Palombo EA, Knowles SR *et al.* 2012. « Molecular characterisation of gastrointestinal microbiota of children with autism (with and without gastrointestinal dysfunction) and their neurotypical siblinçs ». *Autism Res* 5 (6) : 419-27.

92. Desreumaux P, Colombel JF. 2001. « Intestinal microflora and chronic inflammatory bowel diseases ». *Gastroentérologie Clinique Et Biologique* 25 (2) : 89-93.

93. Institut Européen de Diététique et de Micronutrition. 2012. « Information scientifique n° 34 – Prise en charge nutritionnelle des hyperperméabilités intestinales ».

94. Larson DC, Fisher R. 1987. « Management of exercice-induced gastrointestinal problems ». *Phys Sports Med* 15 (9) : 112-26.

95. Siri-Tarino P, Sun Q, Hu, F, Krauss R. 2010. « Meta-analysis of prospective cohort studies evaluating the association of saturated fat with cardiovascular disease ». *Am J Clin Nutr* 91 (3) : 535-46.

96. « Les lipides ». https://www.anses.fr/fr/content/les-lipides, consulté le 23 mai 2019.

97. « Les acides gras trans ». https://www.anses.fr/fr/content/les-acides-gras-trans, consulté le 23 mai 2019.

98. Carlo Agostoni *et al.* 2012. « Scientific Opinion on the Tolerable Upper Intake Level of eicosapentaenoic acid (EPA), docosahexaenoic acid (DHA) and docosapentaenoic acid (DPA) ». *EFSA Journal* 10 (7) : 2815.

99. Smith G, Reeds D *et al.* 2011. « Omega 3 polyinsaturated fatty acids augment the muscle protein anabolic response to hyperinsulinaemia-hyperaminocidaemia in healthy young and middle aged men and women ». *Clin Sci* 121 (6) : 267-78.

100. Ryan A, Reynolds J, Healy *et al.* 2009. « Enteral nutrition enriched with eicosapentaenoic acid (EPA) preserves lean body mass following esophageal cancer surgery : results of a double-blinded randomized controlled tria ». *Ann. Surg.* 249 (3) : 355-63.

101. Hessvik NP, Bakke SS, Fredriksson K *et al.* 2010. « Metabolic switching of human myotubes is improved by n-3 fatty acids ». *J Lipid Res* 51 (8) : 2090-2104.

102. Tartibian B, Maleki BH, Abbasi A. 2009. « The effect of ingestion of omega 3 fatty acids on perceived pain and external symptoms

of delayed onset muscle soreness in untrained men ». *Clin J Sport Med* 19 (2) : 115-19.

103. Alexander L. D, Ranan R. 1988. « Hypothesis : omega 3 fatty acids and blood rheology : implications for human aerobic performance ». *Ann Sports Med* 4 (1) : 32-36.

104. Mozaffarian D, Rimm EB. 2006. « Fish intake, contaminants, and human health : evaluating the risks and the benefits ». *JAMA* 296 (15) : 1885-99.

105. EFSA. « L'EFSA évalue la sécurité des acides gras omega-3 à longue chaîne ». Consulté le 21 mai 2019. http://www.efsa.europa.eu/fr/press/news/120727.htm.

106. D Ivernois, C, Couffinhal T, Le Métayer P, Haissaguerre M, Warin JF. 1992. « Potential value of omega-3 polyunsaturated fatty acids in the prevention of atherosclerosis and cardiovascular diseases ». *Archives des maladies du cœur et des vaisseaux* 85 (6) : 899-904.

107. Lewis EJ, Radonic PW, Wolever TM, Wells GD. 2015. « 21 days of mammalian omega-3 fatty acid supplementation improves aspects of neuromuscular function and performance in male athletes compared to olive oil placebo ». *J Int Soc Sports Nutr* 12:28.

108. Bate C, Reid S, Williams A. 2001. « Les inhibiteurs de la phospholipase A2 ou les antagonistes du facteur d'activation plaquettaire empêchent la réplication du prion ». *J Neurosci Res* 65 (6) : 565-72.

109. O'Sullivan A, Mayr A, Shaw NB, Murphy SC, Kerry JP. 2005. « Use of Natural Antioxidants to Stabilize Fish Oil Systems ». *J Aquat Food Prod Technol* 14 (3) : 75-94.

110. « Avis de l'Agence française de sécurité sanitaire des aliments relatif aux bénéfices / risques liés à la consommation de poissons ». https://www.anses.fr/fr/system/files/NUT2008sa0123.pdf, consulté le 23 mai 2019.

111. Naylor RL, Hardy RW *et al.* 2009. « Feeding aquaculture in an era of finite resources ». *Proc Nat Acad Sci* 106 (36) : 15103-10.

112. Blanchet C, Lucas M *et al.* 2005. « Fatty acid composition of wild and farmed Atlantic salmon (Salmo salar) and rainbow trout (Oncorhynchus mykiss) ». *Lipids* 53 (9) : 529-31.

113. Halliwell B, Zhao K, Whiteman M. 2000. « The gastrointestinal tract : a major site of antioxidant action ? » *Free Radic Res* 33 (6) : 819-30.

114. Lapidot T, Granit R, Kanner J. 2005. « Lipid hydroperoxidase activity of myoglobin and phenolic antioxidants in simulated gastric fluid ». *J Agric Food Chem* 53 (9) : 3391-96.

115. Al-Saghir S, Thurner K, Wagner K-H, Frisch G, Luf W, Razzazi-Fazeli E *et al.* 2004. « Effects of different cooking procedures on lipid quality and cholestérol oxidation of farmed salmon fish (Salmo salar) ». *J Agric Food Chem* 52 (16) : 5290-96.

116. Gesch CB, Hammond SM, Hampson SE, Eves A, Crowder MJ. 2002. « Influence of supplementary vitamins, minerals and essential fatty acids on the antisocial behaviour of young adult prisoners. Randomised, placebo-controlled trial ». *Br J Psychiatry* 181: 22-28.

117. Bellisle F. 2001. « Les aliments fonctionnels et la performance intellectuelle ». *NAFAS* 3: 39-44.

118. Dhopeshwarkar A. 1983. *Nutrition and brain development*. Plenum Press Ed.

119. Zhang B, Marcus SL, Sajjadi FG *et al.* 1992. « Identification of a peroxisome proliferator-responsive element upstream of the gene encoding rat peroxisomal enoyl-CoA hydratase/3-hydroxyacyl-CoA dehydrogenase ». *Proc Natl Acad Sci USA* 89 (16) : 7541-45.

120. Coudron O. 2001. « Approche nutritionnelle et microbiologique des états de l'humeur ». *NAFAS* 5: 13-18.

121. Dunn A, Dishmann R. 1991. « Exercice and neurobiology of depression ». *Exerc. Sports Sci. Rev* 19: 41-98.

122. Vetel JM. 1988. « Le déficit neurobiologique de la post-cinquantaine, un nouveau concept physio-pathologique : hypothèse ou réalité ». *Rev Prat* 38 (25) : 45-48.

123. Laborit H. 1986. « L'inhibition de l'action, biologie comportementale et physio-pathologie ». *Presse univ de Montréal.*

124. Self Nutrition Data. « Foods highest in Tyrosine ». Consulté le 16 juin 2019. https://nutritiondata.self.com/foods-000087000000000000000-1.html ?

125. « Le cerveau à tous les niveaux ! ». s. d. Consulté le 28 mai 2019. http://lecerveau.mcgill.ca/.

126. Seltzer S, Stoch R, Marcus R, Jackson E. 1982. « Alteration of human pain thresholds by nutritional manipulation and L-tryptophan supplementation » 13 (4) : 385-93.

127. Gibson CJ, Wurtman RJ. 1978. « Physiological control of brain norepinephrine synthesis by brain tyrosine concentration ». *Life Sciences* 22 (16) : 1399-1405.

128. Philbrick DJ, Mahadevappa VG, Ackman RG, Holub BJ. 1987. « Ingestion of Fish Oil or a Derived N-3 Fatty Acid Concentrate Containing Eicosapentaenoic Acid (EPA) Affects Fatty Acid Compositions of Individual Phospholipids of Rat Brain, Sciatic Nerve and Retina ». *The Journal of Nutrition* 117 (10) : 1663-70.

129. ANSES. « Avis de l'Agence française de sécurité sanitaire des aliments relatifs à l'emploi de tryptophane à hauteur de 1 000 mg dans les compléments alimentaires | ANSES – Agence nationale de sécurité sanitaire de l'alimentation, de l'environnement et du travail ». Consulté le 21 mai 2019. https://www.anses.fr/fr/content/avis-de-l%E2%80%99agence-fran%C3%A7aise-de-s%C3%A9cu-rit%C3%A9-sanitaire-des-aliments-relatif-%C3%A0-lemploi-de-2.

130. Stendig-Lindberg, G *et al.* 2004. « Experimentally induced prolonged magnesium deficiency causes osteoporosis in the rat ». *European Journal of Internal Medicine* 15 (2) : 97-107.

131. Ford ES. 1999. « Serum magnesium and ischaemic heart disease : findings from a national sample of US adults ». *Int J Epidemiol* 28 (4) : 645-51.

132. Koniari I, Apostolakis E, Rogkakou C, Baikoussis NG, Dougenis D. 2010. « Pharmacologic prophylaxis for atrial fibrillation following cardiac surgery : a systematic review ». *J Cardiothorac Surg* 5: 121.

133. Gontijo-Amaral C, Ribeiro M, Gontijo M, Condino-Neto J A, Ribeiro D. 2007. « Oral magnesium supplementation in asthmatic children : a double-blind randomized placebo-controlled trial ». *European Journal of Clinical Nutrition* 61: 54-60.

134. Dr S. Hercberg. 1994. « Etude SUVIMAX ».

135. EFSA. « Valeurs nutritionnelles de référence pour le magnésium et le phosphore ». Consulté le 11 juin 2019. https://www.efsa.europa.eu/fr/press/news/150728.

136. Berthelot A, Arnaud M, Reba A. 2004. « Le magnésium ». *John Libbey Eurotext*.

137. ANSES. Consulté le 11 juin 2019. https://ciqual.anses.fr/.

138. Holick MF. 2007. « Vitamin D deficiency ». *N Engl J Med* 357 (3) : 266-81.

139. Sato Y, Iwamoto J, Kanoko T, Satoh K. 2005. « Low-dose vitamin D prevents muscular atrophy and reduces falls and hip fractures in women after stroke : a randomized controlled trial ». *Cerebrovasc Dis* 20 (3) : 187-92.

140. Close GL, Russell J, Cobley JN, Owens DJ, Wilson G, Gregson W, Fraser WD, Morton JP. 2013. « Assessment of vitamin D concentration in non-supplemented professional athletes and healthy adults during the winter months in the UK : implications for skeletal muscle function ». *J. Sports Sci* 31 (4) : 344-53.

141. Wyon MA, Koutedakis Y, Wolman R, Nevill AM, Allen N. 2014. « The influence of winter vitamin D supplementation on muscle function and injury occurrence in elite ballet dancers : a controlled study ». *J Sci Med* 17 (1) : 8-12.

142. ANSES. « Vitamine D – Présentation, besoins nutritionnels et sources alimentaires ». Consulté le 17 juin 2019. https://www.anses.fr/fr/content/vitamine-d.

143. Larson-Meyer DE, Willis KS. 2010. « Vitamin D and athletes ». *Curr Sports Med* 9 (4) : 220-26.

144. Halliday T, Peterson N, Thomas J, Kleppinger K, Hollis B, Larson-Meyer D. 2011. « Vitamin D status relative to diet, lifestyle, injury and illness in college athletes ». *Med Sci Sports Exerc* 43 (2) : 335-43.

145. Hano O, Thompson-Gorman SL, Zweier JL, Lakatta EG. 1994. « Coenzyme Q10 enhances cardiac functional and metabolic recovery and reduces Ca2 + overload during postischemic reperfusion ». *Am. J. Physiol* 266 (6) : 2174-81.

146. Caso G, Kelly P, Mc Nurlan MA, Lawson WE. 2007. « Effect of coenzyme Q10 on myopathic symptoms in patients treated with statins ». *Am J Cardiol* 99 (10) : 1409-12.

147. Cooke M *et al.* 2008. « Effects of acute and 14-days coenzyme Q10 supplementation one exercise performance in both trained and untrained individuals ». *J Int Soc Sports Nutr* 5: 8.

148. Joo J. 2005. « Coenzyme Q10 and cardiovascular health : to take or not to take, that is the question ». *Nutrition Bytes* 10: 4.

149. Weant KA, Smith KM. 2005. « The role of coenzyme Q10 in heartfailure ». *Ann Pharmacother* 39 (9) : 1522-26.

150. Wyman *et al.* 2010. « Coenzyme Q10 : a therapy for hypertension and statin-induced myalgia. Cleveland clinic journal of medicine ». *Cleve Clin J Med* 77 (7) : 435-42.

151. Young AJ, Johnson S *et al.* 2007. « Coenzyme Q10 : a review of its promise as a neuroprotectant ». *CNS Spectr* 12 (1) : 62-68.

152. Sandor *et al.* 2005. « Efficacity of coenzyme Q10 in migraine prophylaxis : A randomized controlled trial ». *Neurology* 64 (4) : 713-15.

153. Crane FL. 2001. « Biochemical functions of coenzyme Q10 ». *J Am Coll Nutr* 20 (6) : 591-98.

154. Weber C, Bysted A, Holmer G. 1997. « Coenzyme Q10 in the diet-Daily intake and relative bioavailability ». *Molec. Aspects Med* 18 : 251S-254S.

155. Chopra RK, Goldman R, Sinatra ST, Bhagavan HN. 1998. « Relative bioavailability of coenzyme Q10 formulations in human subjects ». *Int J Vitam Nutr Res* 68 (2) : 109-13.

156. ANSES. Consulté le 19 juin 2019. https://ciqual.anses.fr/.

157. George AJ. 2000. « Central nervous system stimulants ». *Baillieres Best Pract Res Clin Endocrinol Metab* 14 (1) : 79-88.

158. Tarnopolsky MA. 1994. « Caffeine and endurance performance ». *Sports Med* 18 (2) : 109-25.

159. Wiles JD, Bird SR, Hopkins J, et al. 1992. « Effect of caffeinated coffee on running speed, respiratory factors, blood lactate and perceived exertion during 1500-m treadmill running ». *Br J Sports Med* 26 (2) : 116-20.

160. Kovaks E, Stegan J, Brouns F. 1998. « Effect of caffeinated drinks on substrate metabolism, caffeine excretion, and performance ». *J Appl Physiol* 85 (2) : 709-15.

161. Graham TE, Spriet LL. 1991. « Performance and metabolic responses to a high caffeine dose during prolonged exercise ». *J Appl Physiol* 71 (6) : 2292-98.

162. Haskell CF, Kennedy DO, Wesnes KA, et al. 2005. « Cognitive and mood improvements of caffeine in habitual consumers and habitual non-consumers of caffeine ». *Psychopharmacology* 179 (4) : 813-25.

163. Graham TE, Hibbert E, Sathasivam P. 1998. « Metabolic ans exercise endurance effects of coffee and caffeine ingestion ». *J Appl Physiol* 85 (3) : 883-89.

164. Stevenson EJ, Hayes PR, Allison SJ. 2009. « The effect of a carbohydrate caffeine sports drink on simulated golf performance ». *Appl Physiol Nutr Metab* 34 (4) : 681-88.

165. Petey W, Mumford, Aaron C, Tribby, Christopher N, Poole, Vincent J, Dalbo, Aaron T, Scanlan, Jordan R *et al.* 2015. « Effect of Caffeine on Golf Performance and Fatigue during a Competitive Tournament ». *Medicine and Science in Sports and Exercise* 48 (1) : 132-37.

166. Bishop D. 2010. « Dietary supplements and team-sport performance ». *Sports Med* 40 (12) : 995-1017.

167. Kennedy DO, Scholey AB. 2004. « À glucose-caffeine Fenergy drink_ ameliorates subjective and performance deficits during prolonged cognitive demand ». *Appetite* 42 (3) : 331-33.

168. Smit H, Rogers P. 2000. « Effects of low doses of caffeine on cognitive performance, mood and thirst in low and higher caffeine consumers ». *Psychopharmacology* 152 (2) : 167-73.

169. Hogervorst E, Bandelow S, Schmitt J *et al.* 2008. « Caffeine improves physical and cognitive performance during exhaustive exercise ». *Med Sci Sports Exerc* 40 (10) : 1841-51.

170. Yeomans MR, Ripley T, Davies LH, Rusted J, Rogers PJ. 2002. « Effects of caffeine on performance and mood depend on the level of caffeine abstinence. » *Psychopharmacology* 164 (3) : 241-49.

171. van Duinen H, Lorist MM, Zijdewind I. 2005. « The effect of caffeine on cognitive task performance and motor fatigue ». *Psychopharmacology* 180 (3) : 539-47.

172. Ciocca M. 2005. « Medication and supplement use byathletes ». *Clin Sports Med* 24 (3) : 719-38.

173. Tarnopolsky MA. 1994. « Caffeine and endurance performance ». *Sports Med* 18 (2) : 109-25.

174. Lombardo JA. 2004. « Supplements and athletes ». *South Med* 97 (9) : 877-79.

175. « Teneur en leucine des aliments ». Consulté le 6 juin 2019. http://dietgrail.com/teneur-en-leucine-des-aliments/.

176. Fouré A. 2017. « La supplémentation en acides aminés à chaîne ramifiée est-elle une stratégie nutritionnelle efficace pour soulager les dommages aux muscles squelettiques ? Un examen systématique » 9 (10) : 1047.

177. Negro M, Giardina S, Marzani B, Marzatico F. 2008. « Branched-chain amino acid supplementation does not enhance athletic performance but affects muscle recovery and the immune system ». *J Sports Med Phys Fitness* 48 (3) : 347-51.

178. Thomas I. 2016. « Branched-chain aminoacid supplementation attenuates a decrease in power-producing ability following acute strength training ». *GEE The Journal of Sports Medicine and Physical Fitness* 56 (12) : 1511-17.

179. Bassit RA, Sawada LA, Bacurau RF, Navarro F, Martins E. 2002. « Branched-chain amino acid supplementation and the immune response of long-distance athletes ». *Nutrition* 18 (5) : 376-79.

180. Shakibay Novin Z. 2019. « Les effets de perte de poids des acides aminés à chaîne ramifiée et de la vitamine B6 : un essai contrôlé randomisé sur les femmes obèses et en surpoids ». *Int J Vitam Nutr Res*, 1-10.

181. Dong-Hee Kim. 2013. « Effet de l'apport de BCAA lors des exercices d'endurance sur les substances de fatigue, les substances endommageant les muscles et les substances du métabolisme énergétique ». *Journal of Exercise Nutrition and Biochemistry* 17 (4) : 169-80.

182. Mark Waldron. 2017. « The effects of acute branched-chain amino acid supplementation on recovery from a single bout of hypertrophy exercise in resistance-trained athletes ». *Physiologie appliquée, nutrition et métabolisme* 42 (6) : 630-36.

183. Howatson G, Hoad M, Goodall S, Tallent J *et al.* 2012. « Exercise-induced muscle damage is reduced in resistance-trained males by branched chain amino acids : a randomized, double-blind, placebo controlled study ». *Journal of the International Society of Sports Nutrition* 9: 20.

184. Jackman, Sarah R, Witard, Olivier C *et al.* 2010. « Branched-Chain Amino Acid Ingestion Can Ameliorate Soreness from Eccentric Exercise ». *Medicine and Science in Sports and Exercise* 42 (5) : 962-70.

185. ANSES. « Les compléments alimentaires destinés aux sportifs. Avis de l'Anses Rapport d'expertise collective ». Consulté le 6 juin 2019. https://www.anses.fr/fr/system/files/NUT2014SA0008Ra.pdf.

186. Reinhart KM, Coleman CI *et al.* 2008. « Effects of garlic on blood pressure in patients with and without systolic hypertension : a metaanalysis ». *Ann Pharmacother* 42 (12) : 1766-71.

187. Ngo SN, Williams DB *et al.* 2008. « Does garlic reduce risk of colorectal cancer ? À systematic review » 137 (10) : 2264-69.

188. Lefrançois P. 1999. « Phytomedical Reviews : Allium sativum ». *The Natural Health Products Report* 8 (5).

189. Bloch AS. 2000. « Pushing the envelope of nutrition support : complementary therapies ». *Nutrition* 16 (3) : 236-39.

190. Chainani-Wu N. 2003. « Safety and anti-inflammatory activity of curcumin : a component of tumeric (Curcuma longa) ». *J Altern Complement Med* 9 (1) : 161-68.

191. Lee HS. 2006. « Antiplatelet property of Curcuma longa L. rhizome derived ar-turmerone ». *Bioresour Technol* 97 (12) : 1372-76.

192. Sharma RA *et al.* 2007. « Pharmacokinetics and pharmacodynamics of curcumin ». *ADV Exp Med Biol* 595: 453-70.

193. Sommerburg O, Keunen JE *et al.* 1998. « Fruits and vegetables that are sources for lutein and zeaxanthin : the macular pigment in human eyes ». *Br J Ophthalmol* 82 (8) : 907-10.

194. Ribaya-Mercado JD, Blumberg JB. 2004. « Lutein and zeaxanthin and their potential roles in disease prevention ». *J Am Coll Nutr* 23 (6) : 567S-87S.

195. Guthikonda S, Haynes WG. 2006. « Homocysteine : role and implications in atherosclerosis ». *Curr Atheroscler Rep* 8 (2) : 100-106.

196. Verhoeven DT, Goldbohm RA *et al.* 1996. « Epidemiological studies on brassica vegetables and cancer risk ». *Cancer Epidemiol Biomarkers Prev* 5 (9) : 733-48.

197. Bone RA, Landrum JT *et al.* 1988. « Analysis of the macular pigment by HPLC : retinal distribution and age study ». *Invest Ophthalmol Vis Sci* 29 (6) : 843-49.

198. Moeller SM, Jacques PF, Blumberg JB. 2000. « The potential role of dietary xanthophylls in cataract and age-related macular degeneration ». *J Am Coll Nutr* 19 (5) : 522S-7S.

199. Liu Y, Zhang D, Hu J, Liu G, Chen J *et al.* 2015. « Visible Light-Induced Lipid Peroxidation of Unsaturated Fatty Acids in the Retina and the Inhibitory Effects of Blueberry Polyphenols ». *J Agric Food Chem* 63 (42) : 9295-9305.

200. Kalt W, McDonald JE, Fillmore SA, Tremblay F. 2014. « Blueberry effects on dark vision and recovery after photobleaching : placebo-controlled crossover studies ». *J Agric Food Chem* 62 (46) : 11180-89.

201. Rodriguez-Mateos A. 2013. « Intake and time dependence of blueberry flavonoid-induced improvements in vascular function : a randomized, controlled, double-blind, crossover intervention study with mechanistic insights into biological activity ». *Am J Clin Nutr* 98 (5) : 1179-91.

202. Vendrame S, Aleksandra S. Kristo, Dale A *et al.* 2014. « Wild blueberry consumption affects aortic vascular function in the obese Zucker rat ». *Applied Physiology, Nutrition, and Metabolism* 39 (2) : 255-61.

203. Wang E, Liu Y, Xu C, Liu J. 2017. « Antiproliferative and proapoptotic activities of anthocyanin and anthocyanidin extracts from blueberry fruits on B16-F10 melanoma cells ». *Food Nutr Res* 61 (1) : 1325308.

204. Simon RD. 2013. « Does treating obstructive sleep apnea in golfers improve their handicap ? » *J Clin Sleep Med* 9 (12) : 1243.

205. Benton ML, Friedman NS. 2013. « Treatment of obstructive sleep apnea syndrome with nasal positive airway pressure improves golf performance ». *J Clin Sleep Med* 9 (12) : 1237-42.

206. Sleivert G. s. d. « Point de performance. Le sommeil : la clé d'une meilleure performance ». Consulté le 4 juin 2019. http://icspacifique.ca/wp-content/pdfs/pp/FR-performance-point-phys-0909-sleep.pdf.

207. Olsson EM *et al.* 2009. « A randomised, double-blind, placebo controlled, parallel-group study of of the standardised extract shr-5 of the roots of rhodiola rosea in the treatment of subjects with stress-related fatigue ». *Planta Med* 75: 105-12.

208. De Bock *et al.* 2004. « Acute Rhodiola rosea intake can improve endurance exercise performance ». *Int J Sport Nutr Exerc Metab* 14 (3) : 298-307.

209. Spasov AA *et al.* 2000. « A double-blind, placebo controlled pilot study of the stimulating and adaptogenic effect of Rhodiola rosea SHR-5 extract on the fatigue of students caused by stress during an examination period with a repeated low-dose regimen ». *Phytomedicine* 7 (5) : 85-89.

210. Thomson RL, Brinkworth GD, Noakes M, Buckley JD. 2016. « Muscle strength gains during resistance exercise training are attenuated with soy compared with dairy or usual protein intake in older adults : A randomized controlled trial ». *Clin Nutr* 35 (1) : 27-33.

211. Snijders T, Res PT, Smeets JS, van Vliet S, van Kranenburg J *et al.* 2015. « Protein Ingestion before Sleep Increases Muscle Mass and Strength Gains during Prolonged Resistance-Type Exercise Training in Healthy Young Men. » *J Nutr* 145 (6) : 1178-84.

212. Res PT, Groen B, Pennings B, Beelen M, Wallis GA *et al.* 2012. « Protein ingestion before sleep improves postexercise overnight recovery ». *Med Sci Sports Exerc* 44 (8) : 1560-69.

213. Andersen LL, Tufekovic G, Zebis MK, Crameri RM, Verlaan G *et al.* 2005. « The effect of resistance training combined with timed ingestion of protein on muscle fiber size and muscle strength ». *Metabolism* 54 (2) : 151-56.

214. Schwingshackl L, Hoffmann G. 2013. « Long-term effects of low-fat diets either low or high in protein on cardiovascular and

metabolic risk factors : a systematic review and meta-analysis ». *Nutr J* 12: 48.

215. CIRC. 2015. « Communiqué de presse n° 240, Le programme des monographies di CIRC évalue la consommation de la viande rouge et des produits carnés transformés (centre international de recherche sur le cancer) ».

Direction : Jean-Louis Hocq
Direction éditoriale : Jean-Philippe Bouchard
Éditeur junior : Maxime Lafon
Correction : Judith Levitan
Couverture : Thierry Sestier
Mise en pages : Nord Compo
Fabrication : Emmanuelle Laine

FSC
www.fsc.org
MIXTE
Papier issu de sources responsables
FSC® C003309

L'éditeur de cet ouvrage s'engage dans une démarche de certification FSC® qui contribue à la préservation des forêts pour les générations futures.

Pour en savoir plus :
www.editis.com/engagement-rse/

CET OUVRAGE
A ÉTÉ ACHEVÉ D'IMPRIMER
SUR ROTO-PAGE
PAR L'IMPRIMERIE FLOCH
À MAYENNE EN AVRIL 2021

N° d'impression : 98153
Imprimé en France